JN095559

特定調停法
逐条的概説

濱田芳貴 編著

発行 民事法研究会

はしがき

本書は、いわゆる「特定調停法」に関する「逐条的な概説」である。ただ、あくまで「逐条的」というにとどまり「逐条」となし得ないには、訳がある。かつ、「注解」や「条解」などの語を付さず「概説」を自称するにも、訳がある。

特定調停法に関する概略については、その正式な名称なども含めて序章での解説に譲るが、元々民事調停法の特例として立法された経緯から、自足的な法令ではなく、特定調停手続については、同法に定めるもののほか、民事調停法の定めるところによる、とされている（特定調停法22条）。また、その基盤となる民事調停手続についても、特別の定めがある場合を除き、その性質に反しない限り、非訟事件手続法第２編の規定を準用する、とされている（民事調停法22条）。各別の規則についても、しかりである（特定調停手続規則９条、民事調停規則24条）。

それゆえ、特定調停法の条文のみを対象に逐条でもって目次を構成しても、手続の各局面にわたり適用法条に即して説き及ぶ書籍として成り立たせるには、技術的な困難を伴いそうである。しかし、自足的な法令がないからこそ、手続の各局面にわたり適用法条に即して説き及ぶ書籍が成り立つならば、実用的な便宜には適うはずである。

そこで、本書では、特定調停法の条文配列は維持しつつ、特定調停手続の実際において、他の法令が適用または準用される局面を抽出し、その関連条文をも織り込む形で目次を構成することにより（必ずしも体系（書）的な章立てではないが）、逐条的な解説書を企図した次第である。その際、逐条的に採録する法律の規定と関連の規則については、実用上の便宜から全文を記述することとしたが、反面、各別の解説が概説にとどまる結果となった点については、紙幅の都合とはいえ、読者に海容を請うほかない。

ところで、かつて特定調停の制度は、主に個人（消費者）の債務整理を主な対象として整備され運用されてきたが、近時、事業再生を企図した私的整理との関係で、協議の成立を補完する手段として、その活用法が再定義されている。経営者による個人保証の整理や、廃業清算（承継）に向けた整理についても敷衍されている。また、災害被害者の生活再建との関係でも、新型感染症の拡大に対峙すべき経済復興の施策としても、論じられている。あるいは、裁判所における新たな運用も、提言されている。これら各種の指針、準則、運用、提言の詳細については、関係各書に各自アクセスいただきたいのだが、本書では、より一般的な課題として、特定調停そのものを私的整理の協議の枠組みとして活用できないか、という点にまで踏み込んで解説している部分もある。

特定調停制度の活性化のため、諸々の立場で携わる可能性のある方々を幅広く読者として迎えることができれば、著者一同、望外の幸せである。

2021年３月

執筆者を代表して

弁護士　濱　田　芳　貴

〔追記〕

最後に二言、編者個人として謝辞を申し述べたい。

本書企画の端緒は、今を遡ること云年前、毒気芬々たる酒楼の片隅にて、手遊びに特定調停の関連条文を単行法よろしく拾い並べてみた酔狂にあり（第８章と目次の胚胎）、そのまま余勢を駆って一気呵成に仕上げたならば、さぞや褒められたであろうところ、長阿含の経に謂われる飲酒六失そのままに、巻き添えたる共著者の興が醒めてなお遅々と千鳥に歩み、皆々が忘れかけた頃になり、誰彼を問わず彼此を問い糺し、問い返され、問い直し、その繰り返しの末、漸く今に至ったものである。

この間、本書の企画編集校正を当初に担当いただいた安倍雄一氏、そして、混沌の途上から事後を託された軸丸和宏氏には、多大なるご迷惑をおかけし、多大なるご尽力をも賜り、ここに詫び礼する次第である。

『特定調停法逐条的概説』

目　次

序　章

第1章　特調法の目的

特調1条、民調1条

第２章　当事者と代理人

特調２条、民調２条

第3章　特定調停の申立て

特調3条、民調4条の2、非訟42条・43条	特調規1条・2条、民調規3条・10条、非訟規1条・2条・3条・4条・37条・38条・39条

第4章 特定調停事件の手続

第５章　事実の調査と証拠調べ

第6章　特定調停の成立等

第7章 その他重要な制度

◆凡　例◆

〈法令等〉

特調法、特調	特定債務等の調整の促進のための特定調停に関する法律
特調規	特定調停手続規則
民調法、民調	民事調停法
民調規	民事調停規則
非訟法、非訟	非訟事件手続法
非訟規	非訟事件手続規則
民訴法、民訴	民事訴訟法
民執法、民執	民事執行法
破	破産法
民再法、民再	民事再生法
会更法、会更	会社更生法
民	民法
商	商法
会社	会社法
一般社団法人法、一般社団法人	一般社団法人及び一般財団法人に関する法律

〈判例集等〉

民集	最高裁判所民事判例集
集民	最高裁判所裁判集民事
判時	判例時報
判タ	判例タイムズ
金法	金融法務事情
銀法	銀行法務21
ジュリ	ジュリスト

〈体系書・論文集等〉

小山　　小山昇『民事調停法〔新版〕』（有斐閣、1977年）

石川＝梶村　　石川明＝梶村太市編『注解民事調停法［民事調停規則］〔改訂〕』（青林書院、1993年）

一問一答　　山本幸三監修『一問一答特定調停法』（商事法務研究会、2000年）

梶村＝深沢　　梶村太市＝深沢利一『和解・調停の実務〔補訂版〕』（新日本法規出版、2007年）

金子編著・一問一答　　金子修編著『一問一答非訟事件手続法』（商事法務、2012年）

金子編著・逐条解説　　金子修編著『逐条解説非訟事件手続法』（商事法務、2015年）

三好　　三好一幸『民事調停の理論と実務』（司法協会、2016年）

鹿子木　　鹿子木康「東京地裁民事第８部における特定調停の運用状況」事業再生と債権管理119号66頁（2008年）

江原ほか・金法　　江原健志ほか「東京地方裁判所における企業の私的整理に関する特定調停の新たな運用の概要」金法2133号（2020年）20頁以下

江原ほか・NBL　　江原健志ほか「東京地方裁判所における企業の私的整理に関する特定調停の新たな運用について」NBL1166号（2020年）32頁以下

序　章

1　特定調停の沿革と経緯

特定調停手続に関する根拠法、いわゆる特定調停法、特調法、その正式名称は、「特定債務等の調整の促進のための特定調停に関する法律」である（平成11年法律第158号・同12年2月27日施行。現行法は同23年5月25日の一部改正後）。かねてより、「債務弁済協定調停事件」として受理されてきた民事調停の事案類型を念頭に、主に多重債務者の債務整理を企図して工夫されてきた実務の運用に明文の根拠を与え、その手続の実用性や実効性に資するべく、個人債務者や中小事業者による利用を念頭に置いた民事調停の特別手続として再設計されたうえ、議員立法により成立したものである[1]。民事調停の特別手続としての位置づけゆえに、特定調停手続については、特調法に定めるもののほか、民調法の定めるところによるものとされており（特調22条。なお、特調23条、特調規9条、民調23条、民調規1条）[2]、さらに、その基盤となる民事調停手続についても、特別の定めがある場合を除き、その性質に反しない限り、非訟法第2編の規定を準用するものとされており（民調22条、民調規24条）[3]、

1　その前段階として、金融機関を含む大小倒産が相次いだ1998年（平成10年）頃、窮境企業に係るバランスシート調整（担保不動産の処分による不良債権の処理）を促進するため、不動産に関連する権利等の調整（調停や仲裁）を所管する行政委員会の設置等に係る法案が内閣から提出されたが、ゼネコン徳政令である等の批判に晒されて廃案となった、という経緯がある。その後、①民事調停の一類型とする、②個人債務者や中小企業者による利用を念頭に置く、③税務処理は税法の一般原則に委ねる等、大幅な制度設計の変更を経て立法に至ったものである。一問一答5頁参照。

2　特調法の特別の定めとしては、たとえば、移送要件の緩和（特調4条）、簡易裁判所の裁量移送（特調（制定時）5条、（現）非訟10条・民訴18条）、併合審理の促進（特調6条）、民事執行手続の停止に関する規律の明確化（特調7条）、専門家を民事調停委員に指定する措置（特調8条）、利害関係者の参加の容易化（特調9条）、権利関係の解明に関する当事者の責務（特調10条）、文書提出命令と過料の制裁（特調12条、24条）、職権調査（特調（制定時）13条、（現）非訟49条参照）、官庁等からの意見聴取（特調14条）、調停条項案の書面による受諾（特調16条）、調停委員会が定める調停条項（特調17条）など。

3　民事調停法（昭和26年法律第222号）もまた議員立法であったことなど、今日では近代立法史の遠景であるかもしれない。特定調停制度との関連において、さらにその前史まで回顧するに、

結局のところ、特定調停手続の各局面にわたり自足的に規定を網羅する単行の法律は存在しない、ということになる。[4]

立法の当初は[5]、その所期の企図に沿う形で、多重債務者（消費者や個人事業主）に係る債務整理に活用されてきたほか[6]、各地の住宅供給公社など、各種の第三セクターの過剰債務処理案件への適用例もみられた一方[7]、民間セ

かつて、第１次世界大戦（1914年～1918年）、関東大震災（1923年）、金融恐慌（1927年）、世界恐慌（1929年）、柳条溝事件（1931年）といった時代背景のもと、長期不況下における債務整理による債務者更生を企図した施策として、金銭債務臨時調停法が時限立法され（昭和７年法律第26号）、昭和９年（1934年）には恒久化されたが（なお、昭和17年（1942年）には、同法７条所定の「調停に代わる裁判」の制度が、戦時民事特別法により各種調停に広く準用されるようにもなったが）、戦後、その役割を新設の民事調停法に譲りつつ、（借地借家調停法（大正11年）、小作調停法（大正13年）、商事調停法（大正15年）などと共に）廃止されるに至った、という経緯がある（その際、憲法違反が云為される「調停に代わる裁判」に代えて、「調停に代わる決定」の制度（民調17条）が導入されている）。小山28頁以下ほか参照。なお、金銭債務臨時調停法に関する当時の解説は、今日の特調法にも一脈通ずるものがあり、少々長くなるが、ここに引用しておきたい。すなわち、「……債權の價値は其法律上の銘價に非ずして經濟上の實質に存することは疑を容るるの餘地のない事である。債權があつても債務者に支拂の資力がなければ其債權は一文の値打ちもない。訴訟を提起したり競賣の手續を執つたり多くの時間と費用とを空費して而も結果を得られない様な事になればそれこそ債權の價値は寧ろマイナスである。かかる債權に付て調停に依りて解決することがどうして債權者の不利益であらうか。況んや誠實な債務者に對し或程度の讓歩をなして之に更生の機會を與へると共に其の讓歩の條件を迅速簡便に確保する途を講ずることは債權者に取て利益でなくて何であらう。……本法適用の範圍に於ては少なくとも債權者の利益は同時に債務者の利益である、やがてはそれが社會の一般の利益であり、社會一般の利益は反射的に又債權者債務者の利益である」（長島毅『金銭債務臨時調停法解説〔改訂増補第10版〕』４頁以下（清水書店、1934年））。えてして、時がめぐり歴史は繰り返すものである。

4　関係法令の適用および準用の関係については、本書第８章（特調22条・民調22条）参照。

5　立法当時における解説として、たとえば、一問一答のほか、林道晴「いわゆる特定調停法・同規則の制定とその運用について」判タ1017号26頁（2000年）、山﨑栄一郎「特定調停手続規則の概要」NBL683号17頁（2000年）、小林由美「特定債務等の調整の促進のための特定調停に関する法律について」ジュリ1172号52頁（2000年）、相澤哲「『特定債務等の調整の促進のための特定調停に関する法律』の概要」登記情報459号55頁（2000年）、「特集・特定調停手続の概要」調停時報145号（2000年）など。

6　詳細は省略するが、消費者金融業者や商工ローン業者からの借入れに関する、いわゆる「グレーゾーン金利」の引き直し計算による残高の圧縮（さらには、返済金の元本への充当計算により発生する「過払金」の返還交渉）などが、当時の実践的な課題であった。なお、今岡毅「特定調停事件処理の基本方針と現在の問題点」岡久幸治ほか編『新・裁判実務大系㉖　簡易裁判所民事手続法』500頁（青林書院、2005年）ほか。

7　たとえば、住宅供給公社（多比羅誠「事業再生手続としての特定調停」新堂幸司＝山本和彦編『民事手続法と商事法務』21頁（商事法務、2006年）、馬杉榮一＝坂口唯彦「北海道住宅供給公社の特定調停手続――リーガルリスクを回避した17条決定」金法1732号34頁（2005年））、駐車場等運営会社（中森亘＝中西敏彰「『クリスタ長堀株式会社』の特定調停による再建事例」事業再生と債権管理120号９頁（2008年））、土地開発公社（事業再編実務研究会編『最新事業再編の理論・実務と

クターにおける事業再生案件への真正面からの利用は現実には低調であった。[8]

背景としては、当時、企業再建ないし事業再生という喫緊の課題との関係では、かねてより制度の老朽化が云為されていた旧倒産五法、[9]とりわけ中小企業（や非営利企業）の再建との関係で機能不全気味であった和議に代替させるべく、倒産法制の全般的な刷新における嚆矢として急ぎ創設された民事再生の制度が、[10]大きな役割を果たしてきたという現実の経緯が指摘されよう。[11]また、一連の倒産立法の動向と並行しながら、私的整理の分野においても、金融機関の不良債権処理の遅れと企業の過剰債務の存在という政策的課題に対処すべく公表された、いわゆる「私的整理ガイドライン」以降、各

論点』813頁〔大澤卓〕（民事法研究会、2009年））、造林公社（事業再編実務研究会編・前掲書818頁〔南靖郎〕）など。その課題につき、宮脇淳編著『第三セクターの経営改善と事業整理』153頁以下〔中島弘雅〕（学陽書房、2010年）参照。

8　初期の事例として（2000年）、「高崎白衣観音」の施工（建立）実績等で知られる井上工業（東証２部上場）の件がみられるが（当時、金融債権者16社から計142億円余りの債務免除を受けた）、世間の耳目を集めたのはむしろ、その後の架空増資と上場廃止と破産手続開始（2008年）、そして金融商品取引法違反による経営幹部等の逮捕（2011年）、といった不始末にあったように思われる。また、相対的に近時の事例（事業再生計画の内容面での合理性の検証を目的として中小企業再生支援協議会の手続を併用したリスケジュール事案）として、上田裕康ほか「為替デリバティブ取引損失に苦しんでいる企業救済の一事例」NBL1003号８頁以下（2013年）参照。

9　当時における倒産諸制度は、破産法（大正11年法律第71号（昭和27年に大改正あり））所定の破産（と強制和議）、和議法（大正11年法律第72号）所定の和議、商法（明治32年法第48号）所定の会社整理と特別清算（いずれも昭和13年の会社編大改正で導入）、そして、会社更生法（昭和27年法律第172号(昭和42年に大改正あり))所定の会社更生であり、もって「倒産五法」とされていた。

10　現在における倒産諸制度は、民事再生法（平成11年法律第225号・同12年４月１日施行）所定の民事再生（これにより、和議は廃止)、会社更生法（平成14年法律第154号･同15年４月１日施行）所定の会社更生、破産法（平成16年法律第75号・同17年１月１日施行）所定の破産（なお、その際、民事再生法と会社更生法についても部分改正あり）、そして、会社法（平成17年法律第86号・同18年５月１日施行）所定の特別清算（その際に、会社整理は廃止）。もって「倒産四法」とされている。

11　たとえば、「全国倒産処理弁護士ネットワーク第５回全国大会シンポジウム報告『施行６年を経過した民事再生手続を振り返って』」事業再生と債権管理115号13頁（2007年）によれば、かつての和議事件が全国で年平均250件～350件であったのに対し、2001年（平成13年）の民事再生事件は1110件にも及んだといい〔西謙二発言〕、ある種の活況がうかがわれる。もっとも、2009年（平成21年）には年間611件で、2000年（平成12年）、2005年（平成17年）、2007年（平成19年）と同水準、さらに2014年（平成26年）には165件で、往時に比し激減といえようか。「特集　私的整理と民事再生の境界」事業再生と債権管理152号10頁以下〔中西正〕（2016年）。

種の私的整理の準則、制度化された私的整理が誕生し[12]、実務に定着したという経緯も無視できないであろう。

そうではあるが、後に言及するとおり（後記3）、事業再生を旨とする私的整理実務の浸透と進展に伴い、近時、あらためて特定調停制度の活用法に関する議論が活性化しつつあるという点は、特記されてよいであろう。

2　隣接諸制度との類比

先述のとおり、事業再生を旨とする事案については、法的整理と私的整理が広く用いられてきた次第であるが、ここで、それぞれのしくみ（手続や手順）が典型的に想定すると思しき事案を想起し、それらと類比しながら、特定調停制度の位置づけや特性などについて確認しておきたい。

まず、窮境の程度が相当に深刻な事案を想定してみた場合、債務者企業の財政は、静態的な財務状況の悪化ばかりでなく、動態的な資金繰り状況も逼迫しているため、その再生を企図する段階においてすでに、利害を調整すべき関係者（債権者）の範囲は散大し、その調整を要する利害（要処理損失）の規模も膨張しているはずで、そうした広漠なる利害の調整に徒手空拳で取り組もうとすれば、おのずと非常なる困難と混乱を伴うことになる。かかる事態のありうることを踏まえ、法的整理（民事再生・会社更生）の各手続では、法律上、総債権者との関係では個別的権利行使に対し、債務者との関係では財産管理処分権に対し、それぞれ一定の制約を課したうえで、過去の経緯と現在の実情に関する調査分析を経て的確な将来計画の立案に至るための時間軸を確保し、その計画案の成立に多数決原理を導入するなど、所期の目的達成に資する所要の制度設計が施されている[13]。

12　概ね公表順、設立順または活動開始順に、私的整理に関するガイドライン（2004年９月）、中小企業再生支援協議会による再生計画策定支援手続（中小企業再生支援スキーム。2003年２月）、産業再生機構による手続（2003年４月～2007年３月）、整理回収機構の企業再生業務における手続（RCC事業再生スキーム。2004年２月）、特定認証紛争解決手続（事業再生ADR。2008年12月）、企業再生支援機構による手続（2009年10月。2013年３月からは地域経済活性化支援機構に改組）。

13　より具体的には、①手続開始決定により総債権者の個別的権利行使が禁止され（民再85条１項、会更47条１項）、債権届出・調査・確定の手続に服するしくみ（民再88条、94条以下、会更135条１項、138条以下）、②債務者企業における従前の財産管理処分権につき、その剥奪（管財人選任）

他方、窮境度が上述ほど重篤ではない事案を想定してみた場合、差し当たり短期的な事業継続（資金繰り）には支障がなく、いまだ調整を要する利害（毀損された事業価値）の規模も相応の程度にとどまっているとすれば、利害を調整すべき関係者の範囲（再生支援の要請先）を限定できそうであり、たとえば、商取引債権者を除外することにより、日常の商流・物流・信用が維持され、事業価値が可及的に保全されることとなれば、結果、金融債権者にとっての経済合理性（回収可能性）の拡充にも資する蓋然性が高まる。とはいえ、計画案の成立が協議者の任意の意思に委ねられる一方で（債権者全員による賛同≒和解契約の集団化）、その協議者の範囲が計画案の提案者（債務者サイド）により任意に設定されるとなると（平等を旨とする各債権者に対する、定量的ではなく、定性的な類別化）、その利害調整（再生の蓋然性に関する検証）に係る協議の「場」を設定すること自体に困難を伴う。私的整理の計画案に関する内容的（実体的）な基準や私的整理の協議に関する手続的な手順について、かねて準則化が指向されてきた趣旨は、あらかじめ経済社会の参画者（金融界、産業界、官界ほか）に向けて「事業再生」に関する共通の目線を提示し、私的整理の協議者間において享有されるべき認識を醸成せんとする企図があったといえるであろう[14]。

さて、特定調停について、確かに、窮境にある債務者の経済的な再生などに裁判所が関与する手続という点では、民事再生や会社更生の制度と同列におく見方もできようが、手続当事者の財産権（財産的請求権と責任財産）に対

または制約（公平誠実義務）がされるしくみ（民再38条２項、64条１項、66条、会更67条１項、72条１項）、③そうして整えられた手続上の環境下、定量的および定性的な観点からの調査・分析・報告が実施されるしくみ（民再124条１項、125条１項、会更83条１項、84条１項）、④法定多数の同意で可決された再建計画の認可決定により反対債権者が拘束されるしくみ（民再172条の３第１項、174条１項、178条１項、会更196条５項、199条１項、204条１項）などが、導入されている。

14　準則化された私的整理の手続は、大枠（準則ごとに細部は異なるが）、①協議の申出、約定弁済の一時棚上げ等（いわゆる一時停止、個別的権利行使の自制）の要請、②協議の申出に至る経緯・現状・見通し等を説明する会議の開催（協議継続の基盤を関係者の意思に依拠して形成）、③資料や情報の提供と質疑応答、④中立的専門家による計画案の検証（調査報告（書））、⑤計画案への賛否を決する会議の開催（書面による同意、必要に応じ債権者間協定など）、といった手順を踏む（同時並行的にスポンサー候補との協議も進められる）。西村あさひ法律事務所＝フロンティア・マネジメント㈱編『私的整理計画策定の実務』62頁〔濱田芳貴〕（商事法務、2011年）ほか。

する制約（実体的および手続的な法律上の拘束）という法的整理に特徴的な性格は共有せず、むしろ、限られた関係当事者が任意に協議を重ねて所要の合意をめざす、という和解や調停に固有の性格に着目すれば、私的整理の範疇に属するしくみ、かつ、裁判によらない紛争解決手続（ADR）の範疇に属する制度と位置づけるのが相当である。[15]

3　近時の潮流

特定調停制度を事業再生に活用しようとする場合、法令上、手続進行の手順や調停条項の内容に関する細かな規律までは設けられていないため、実践的には、大枠、私的整理の各種準則の定めなどを参照しながら段取りを考えるのが無難そうであり、そのことについては後に言及するが（後記4）、そうした真正面からの用法とは別に、むしろ異なる観点から、近時、いくつかの展開なり進展なりがみられるので、これらについて先に言及しておきたい。

まず、既存の私的整理準則に依拠した協議の詰めにおいて、大方の対象債権者から内諾を得られた計画案について、一部の対象債権者から積極的な賛同を得られないという隘路に立ち至った際、その反対債権者のみを相手方として（または他の債権者をも含めて）、特定調停の申立てを行い、「裁判官による調停」や「調停に代わる決定」というしくみを用いるなどして[16]、その調停条項（と化した私的整理計画）案を成立にまで至らしめる、という実践についてである。これは、平場における私的整理の成立まであと一歩という局面において、特定調停（および民事調停）の制度内に組み込まれたしくみに対して、可及的迅速円滑な利害調整を希求して、補完的役割が期待されたものである。[17]

15　行政型（公害等調整委員会や建設工事紛争審査会のあっせん等）、民間型（弁護士会や日本商事仲裁協会が行う仲裁等）に対し、司法型ADRの範疇にある。山本和彦「裁判外事業再生手続の意義と課題」「裁判外事業再生」実務研究会編『裁判外事業再生の実務』7頁以下（商事法務、2009年）参照。

16　それらのしくみの詳細については、第4章第1節Ⅰ（民調5条）および第7章第2節Ⅰ（特調20条、民調17条）参照。

17　産業競争力強化法50条、経済産業省関係産業競争力強化法施行規則第29条第2項の規定に基づき認証紛争解決事業者が手続実施者に確認を求める事項（平成26年1月17日経済産業省告示第また、特定調停の制度を念頭においた新たな準則ないし運用も、ここ数年来、続々と提言されているところである。すなわち、日本弁護士連合会（中小企業再生支援センター）からは、いわゆる「中小企業金融円滑化法」[18]終了後における中小企業経営支援対策に特定調停を活用すべく、2013年（平成25年）12月、「金融円滑化法終了への対応策としての特定調停スキーム利用の手引き」が公表され[19]、次いで、2014年（平成26年）12月、中小企業の経営者による個人保証に関連し、「経営者保証に関するガイドラインに基づく保証債務整理の手法としての特定調停スキーム利用の手引き」が公表され[20]、さらに、

8号）2項4号、各参照。多比羅誠「特定認証ADR手続の概要と特定調停の実務」事業再生と債権管理119号55頁以下（2008年）。

18　中小企業者等に対する金融の円滑化を図るための臨時措置に関する法律（平成21年法律第96号・同年12月4日施行）。俗称、モラトリアム法、返済猶予法。当初、時限立法された後（平成23年（2011年）3月末まで）、2度の期間延長を経たが、平成25年（2013年）3月末をもって期限切れ、失効。

19　当該特定調停スキーム（以下、「日弁連スキーム」という）は、概略、比較的小規模の中小企業（年商20億円以下、負債10億円以下）を念頭に、あらかじめ所要のデュー・ディリジェンスを実施し（それが認定経営革新等支援機関による経営改善計画策定の一環であれば、所定の費用につき公的支援措置を併用可）、メインバンクその他の金融債権者との事前調整も経たうえで（調停成立の見込みを受けて）、特定調停の申立てを行い（各地方裁判所の本庁所在地に併置された簡易裁判所あて）、専門性のある調停委員を選任しつつ、数回の期日でもって調停成立に至ろうとするもの、である。その詳細につき、髙井章光「特定調停を活用した新しい中小企業再生手続の運用」事業再生と債権管理143号145頁（2014年）、日弁連中小企業法律支援センター編『中小企業再生のための特定調停手続の新運用の実務経営者保証に関するガイドライン対応』（商事法務、2015年）、加藤寛史＝八木理「地域金融機関における中小企業の法律問題Q＆A第5回　特定調停手続」銀法789号46頁（2015年）など。なお、同「手引き」は、令和2年（2020年）2月、「事業者の事業再生を支援する手法としての特定調停スキーム利用の手引」に改題され、その内容面での構成ないし形式についても、後述の各スキームに係る「手引」と統一する形で改訂されている（通称「手引1」）。渡邉敦子＝桝田裕之＝若槻良宏＝宮原一東「日弁連特定調停の手引の改訂・新設と運用上の留意点」事業再生と債権管理168号111頁（2020年）参照。

20　その概要につき、たとえば、髙井章光「経営者保証ガイドラインと特定調停」事業再生と債権管理148号123頁以下（2015年）、三村藤明＝大宅達郎「特定調停を用いた経営者保証ガイドラインの成立事例報告」NBL1030号4頁（2014年）など。その実例を紹介するものとして、同報告のほか、神戸俊昭＝塚田学「法人の代表者およびその配偶者について特定調停手続を利用し『経営者保証ガイドライン』に基づく保証債務の整理を行った事案」事業再生と債権管理146号118頁（2014年）、山形康郎＝加藤明俊「スポンサー企業への事業譲渡後、破産手続を回避することを目的として、経営者保証ガイドラインに即して特定調停手続により保証債務整理をした事例」同150号136頁（2015年）、大西雄太「破産会社の代表者について、『経営者保証ガイドライン』に基づき、特定調停手続により、自由財産のほかに一定期間の生計費相当額を残しつつ、保証人の個人債務を含めて債務整理を行った事案」同151号165頁（2016年）、髙井章光＝犬塚暁比古「清算型スキームの中で主債務を特定調停手続で整理するとともに、保証債務についても『経営者保証ガイドライン』に則り特定調停手続にて一体的に整理した事案」同153号99頁（2016年）、佐藤敦＝小川里

昨今の経営人材（後継者）の確保をめぐる窮状に関連し、2017年（平成29年）1月、「事業者の廃業・清算を支援する手法としての特定調停スキーム利用の手引き」が公表されている[21]。あるいは、近時の自然災害による被災者の経済的な救済に関連し、2016年（平成28年）4月より、「自然災害による被災者の債務整理に関するガイドライン」の運用が開始され、さらに、直近における新型コロナウイルス感染症の拡大による経済困窮への対策として、同ガイドラインを適用する場合の「特則」も、2020年（令和2年）1月より運用開始されている[22]。

美「回収見込額の増加額を上回る資産を残存資産とした事例」同154号88頁（2016年）、伊藤明日佳「クレジットカードの発行や事業資金の貸付を目的として設立された協同組合の理事について『経営者保証に関するガイドライン』を活用して債務整理を行った事例」同号96頁、宮原一東「第三者保証債務を含む2社の保証債務について、経営者保証ガイドラインを活用し、特定調停手続により、保証債務の整理を行った事例」同号112頁、同「主債務者を事業譲渡後、破産手続により整理し、保証人は、特定調停を申し立て、『経営者保証ガイドライン』に基づき、保証債務に加え、個人的借入金債務も取り込んで、いわゆる17条決定により同時に整理した事例」同155号118頁（2017年）など。なお、同「手引き」の名称の末尾は、「手引」に改められている（通称「手引2」）。渡邉ほか・前掲（注19）112頁参照。

21　その概要につき、たとえば、髙井章光＝宮原一東＝大宅達郎「経営者保証ガイドラインと廃業支援型特定調停」事業再生と債権管理156号100頁以下（2017年）、大宅達郎ほか「事業者の廃業・清算を支援する手法としての特定調停スキーム」銀法815号4頁（2017年）など。その実例を紹介するものとして、たとえば、若槻良宏＝吉川恵理子「廃業支援型特定調停スキームを利用して、地方の建設会社を破産手続によらずに廃業・清算させ、代表者の保証債務を『経営者保証に関するガイドライン』に基づき整理した事例の紹介」事業再生と債権管理158号160頁（2017年）、宮原一東「事業譲渡後の会社を『廃業支援型特定調停スキーム』に基づき、保証人2名を『経営者保証ガイドライン』に基づき、いずれも特定調停手続で一体的に整理した事例」同159号168頁（2018年）、黒崎隆宏＝村松遼「債務超過会社の事業を事業譲渡により第三者に承継し、事業譲渡後の会社を破産手続によらず『廃業支援型特定調停スキーム』に基づき、保証人を『経営者保証ガイドライン』に基づき、いずれも特定調停で一体整理した事例」同165号173頁（2019年）など。なお、本スキーム公表前（前注スキーム当時）の同種事例として、佐々木宏之「経営者保証ガイドラインを絡めた廃業支援の取組み（試論）」事業再生と債権管理154号66頁（2016年）、同「特定調停を利用したスキームと経営者保証ガイドラインの実務」銀法805号65頁（2016年）など。なお、同「手引き」の名称の末尾は「手引」に改められている（通称「手引3」）。渡邉ほか・前掲（注19）112頁参照。前各注に述べた各スキーム「手引」については（含・書式および活用マニュアル）、日本弁護士連合会ウェブサイト等で一般に参照可能（特定調停スキームで検索可能）である。

22　当該ガイドラインの内容につき、石毛和夫「『自然災害による被災者の債務整理に関するガイドライン』の概要(上)(下)」銀法796号25頁・797号30頁（2016年）、山野史寛ほか「自然災害債務整理ガイドラインの概要と専門家の役割」同808号17頁（2016年）、内山靖一郎「金融機関の自然災害債務整理ガイドラインに基づく対応」同号24頁、富永浩明「『自然災害による被災者の債務整理に関するガイドライン』の概要」事業再生と債権管理152号88頁以下（2016年）など。当該ガイドラインを新型コロナウイルス感染症の関連事象に適用する場合における「特則」につき、同「『「自そしてまた、やや異なる観点から最も注目される動きとしては、2020年（令和２年）４月から「東京地方裁判所における企業の私的整理に関する特定調停の新たな運用」が開始された点があげられようか[23]。

ことほどさように、特定調停制度の活用法に関するあらためての議論が活性化しつつある次第ながら、ここで百尺竿頭一歩を推し進むとすれば、やはり事業再生事案に対する真正面からの適用に関する考究ではなかろうか[24]。ここで事業再生スキームに必要な要素について俯瞰しておくに、経済的な窮境にある企業が事業再生を果たすためには、現在の実情、その経緯や要因を把握し、必要かつ可能な自助努力を前提に、金融支援やスポンサー支援を仰ぐなどしながら、その財務や事業の再構築を図るべきことになるが、諸々の関係者（順不同に、金融債権者、商取引債権者、スポンサー候補、労働者、課税庁、持分権者、監督官庁、その他）の利害を調整するためには、その利害の結節点となるべき事業再生計画を立案し、関係者との間で所要の協議を遂げ、もって、事業再生に向けた意思の結集を図る必要がある[25]。しかるに、その事業再生計画の立案にあたっては、後の協議の円滑に資するべく、公正かつ平等にして合理的な内容に仕上がるよう、あらかじめ実体的な基準（金額的

然災害による被災者の債務整理に関するガイドライン」を新型コロナウイルス感染症に適用する場合の特則』の概要」同171号158頁以下（2021年）など。

23　江原ほか・金法20頁以下、江原ほか・NBL32頁以下。かかる運用につき、以下、「東京地裁新運用」または単に「新運用」という。その主な対象として想定されるのは、①「準則型私的整理手続において事業再生に係る計画案が作成され、ほとんどの債権者が当該計画案に賛成をしたものの、一部の債権者が同意しなかったという案件」とされるが、②「準則型私的整理手続を経てはいないものの、準則型私的整理手続に準じたバンクミーティングが実施されていて、債務者である企業に係る公認会計士の作成した資産評定書やそれに基づく事業再生に係る計画案が作成されている類型」や、③「厳しい資金繰りの状況のため迅速に手続を進める必要のあるスポンサー案件について、準則型私的整理を経る時間的余裕がなかったものの、公認会計士の作成した資産評定書等があって、すでにスポンサーが選定されており、主要な金融機関の理解が得られている類型」なども排除されない由であり、今後の運用が注目される。

24　先行する裁判所実務の紹介として、鹿子木65頁、千賀卓郎「大阪地方裁判所における事業再建型特定調停事件の概要」金法2087号39頁（2018年）。なお、林・後掲（注34）48頁以下。

25　ある企業が事業再生を必要としているということは、財務体質的には、資金繰り難、損益の悪化、過剰債務といった課題を抱え、事業経営面では、商品や役務の陳腐化、設備の老朽化、旧態依然の技術、非効率な組織、不採算部門、不稼働資産、過剰人員、人材流出といった課題を抱え、しかも、その課題を解決するための経営資源（人、物、金、信用、情報）を自力では確保しきれないような状況にあることを意味する。

ないし時限的な数値基準など）が設けられていることが望ましい[26]。また、関係者間における利害調整にあたっては、計画案の内容および協議の過程が公正かつ平等にして合理的であることが担保されるよう、第三者による検証の機会の確保も含め、その手続的な手順が明確であることが望ましい[27]。

以下は、以上を踏まえた試論であり、特定調停制度の今後の可能性を縛り狭めんとする企図はなく、より佳き実践に向けた創意工夫は将来に向けて開かれた課題である[28]。

4　事業再生特定調停に関する試論

⑴　当事者

法律上、特定調停の申立てができる「特定債務者」とは（特調２条１項）、金銭債務を負っている者であって、かつ、「支払不能に陥るおそれのあるもの」、「事業の継続に支障を来すことなく弁済期にある債務を弁済することが困難であるもの」、または、「債務超過に陥るおそれのある法人」のいずれか

26　私的整理の各種準則を参照すれば（各別の引用は省くが）、定量的な基準として、計画期３から５年程度での経営黒字化や債務超過解消、定性的な基準として、法的整理よりも有利な再生可能性、実質的平等原則と経済合理性の確保、経営者責任や株主責任の履行などが、計画案の実体面として想起される。

27　前注に継ぎ、協議の手順についていえば、たとえば、申立ての後、①初回の期日において、手続の進行に関する当事者の意向を確認し、事業再生計画（提案版）について意見交換し、調査すべき事項を特定する、②協議過程の期日において、所定の調査事項に関する調停委員会等からの意見を承けて、提案版計画への修正の要否などを協議する、③最終の期日において、事業再生計画（最終版）について同意不同意を表明する、といった進行が考えられる。なお、東京地裁新運用下における手続進行モデルにつき、江原ほか・金法26頁、江原ほか・NBL38頁参照。

28　この点に関する問題提起や提言として、松嶋英機「事業再生実務家協会の特定認証ADR構想と特定調停の実務上の注意点」事業再生と債権管理119号62頁以下（2008年）、西村あさひ法律事務所＝フロンティア・マネジメント㈱編・前掲（注14）127頁〔濱田芳貴〕、髙井章光「円滑化法出口戦略としての特定調停手続の活用」日弁連中小企業法律支援センター編『中小企業のための金融円滑化法出口対応の手引き』140頁（商事法務、2013年）、濱田芳貴「『事業再生特定調停』に関する一試論」仲裁とADR ９号109頁（2014年）、事業再編実務研究会編『あるべき私的整理手続の実務』366頁以下〔中井康之＝山本淳〕（民事法研究会、2014年）、中島弘雅ほか「〈シンポジウム〉事業再生のツールとしての倒産ADR　挑戦するADR」仲裁とADR11号107頁以下〔濱田芳貴報告〕（2016年）、中島弘雅「倒産ADRの現状と課題」銀法820号30頁以下（2017年）、増市徹「司法型倒産ADRとしての特定調停――その意義と問題点」銀法821号34頁（2017年）、中島弘雅「事業再生手法としての特定調停について――司法型倒産ADRの現状と展望」髙橋宏志先生古稀祝賀『民事訴訟法の理論』1255頁（有斐閣、2018年）など。

である。

「支払不能に陥るおそれのある債務者等の経済的再生に資するため……金銭債務に係る利害関係の調整を促進する」という制度の目的に照らし、相手方とすべき「関係権利者」とは（特調２条４項）、「特定債務者に対して財産上の請求権を有する者」および「特定債務者の財産の上に担保権を有する者」であり、特定債務者の経済的再生のために利害関係の調整を要するような債権者を意味するといえる（金融債務の整理を旨とする私的整理にあっては基本的には金融機関債権者）。

もとより、特定調停の申立てがされても相手方が拒否すれば直ちに不調となるし（民調14条）、さらに、「事件の性質が特定調停をするのに不適当でないこと」が前提となるため（特調11条参照）、申立人（債務者企業）の実質的な適格については、相手方（金融機関）の応諾可能性との相関において、たとえば、①過剰債務を主因として経営困難な状況に陥っており、自力再建が困難であるが、②事業価値があり、債権者の支援（一部減免、条件変更、劣後化など）により再生可能性があり、③民事再生などの申請により事業価値が棄損され、事業再生に支障が生じるおそれがある、といった諸事情を考慮すべきかと思われる。[29]

(2)　申立書と調停条項案

法律上、「当事者及び法定代理人」、「申立ての趣旨及び紛争の要点」などを申立書に記載し（民調４条の２、民調規３条、非訟規１条）、その際、「財産の状況を示すべき明細書その他特定債務者であることを明らかにする資料（①資産、負債その他の財産の状況、②事業の内容および損益その他の状況）、「関係権利者の一覧表（氏名または名称および住所並びにその有する債権または担保権の発生原因および内容）」、「関係権利者との交渉の経過及び申立人の希望する調停条項の概要」、「労働組合の名称」などを明らかにすべきものとされている（特調３条３項、特調規１条、２条）。

「申立人の希望する調停条項の概要」は、事業再生を企図した特定調停で

29　日弁連スキーム「手引１」第１の５(1)(3)(4)および(6)参照。東京地裁新運用が想定する案件（当事者像）につき、前掲（注23）参照。

あれば、おのずと、協議の対象である「事業再生計画」の内容と一致（または整合）すべきところ、法律上、それは「条理にかない実情に即した解決」であり（民調１条）、「特定債務者の経済的再生に資するとの観点から、公正かつ妥当で経済的合理性を有する内容」とされているにすぎない（特調15条、17条２項、18条１項、20条参照）[30]。

この点、事業再生スキームに必要な要素を視覚化するという見地から敷衍するならば、ⓐ私的整理の一般的適格性（事業再生の可能性、自助努力、同意の見込み）、ⓑ実質債務超過の解消（原則数年内）、ⓒ経常損益の黒字化（原則数年内）、ⓓ実質的平等原則（権利変更における衡平性）、ⓔ経済合理性（清算価値保障等）、ⓕ経営者責任（私財提供、退任、その他）、ⓖ株主責任（減増資、持分希釈化、その他）、といった事項の充足性が、事業再生計画の立案における内容的な課題となろう[31]。

(3)　裁判所と調停機関

最も基本的な管轄は相手方の住所地等を管轄する簡易裁判所にあるが、裁

30　この点、日弁連スキームにおいては、「調停申立書」とともに「再生計画案」その他の書式が公表されている（「手引」第１の５(7)、書式１、３、４－１ないし４－４ほか参照。同スキームにおける再生計画案の立案と「認定支援機関による経営改善計画策定支援事業」との関係につき、同「手引１」第２の６参照）。なお、申立ての添付資料、事業や財産などの状況を明らかにするという観点から、新運用では、「貸借対照表・損益計算書（過去３年分）、資金繰り実績表（月別、過去１年分）、私的整理やスポンサー選定に当たって作成された公認会計士作成の資産評定書、収益弁済による再建計画案の場合にはそれを根拠づけるキャッシュフロー表、スポンサー型の再建計画案の場合には支援内容や支援条件を定めた法的拘束力のあるスポンサー契約書等」の提出が求められる（江原ほか・金法23頁、江原ほか・NBL34頁）。

31　それらの諸事項を整理したうえでの記載項目という見地からは、①企業と事業の概要と現状（沿革・資本金・株主構成・経営者・組織・人員・事業所等、業種・業態・業界・業績等）、②窮境に至った経緯・経営が困難になった原因（窮境の内容と要因、資産・負債・純資産・損益の推移、経営環境や経営判断等、実質債務超過（額）の把握）、③事業計画・今後の経営体制（①と②を踏まえた将来の事業戦略、組織運営体制、スポンサー支援、それらを前提に、財務状況や経営指標の改善（債務超過解消や経常黒字化）の見通し等）、④ストラクチャー・組織再編（③に関連し、事業や財務の再構築、経営統合等の必要に応じ、減増資、会社分割、事業譲渡、その他）、⑤金融支援の依頼事項（②の状況を起点に、③の施策による自力回復の限界をみて、金融支援額の全容、債権者ごとの（保全割合を踏まえた）負担割合、権利変更の内容（債務減免、リスケジュール、劣後化、株式化））、⑥弁済計画・資金計画（③の資金計画を踏まえた、⑤による権利変更後の残債務に対する弁済条件や適用金利等）、⑦経営（者）責任、⑧株主（経営支配）責任、⑨経済合理性の検証、といった構成が考えられようか（前掲（注26）参照）。なお、事業再生計画の内容や形式に関する基本的な考え方につき、濱田芳貴『私的整理88講による道案内』38頁以下（商事法務、2013年）など参照。

判官（調停主任）や民事調停委員が企業倒産や事業再生に通暁していることが通例とまではいえず、また、中規模を超える事案で特定調停を利用しようとする場合には、あらかじめ主要債権者（メインバンクなど）との間で（法的整理の専門部がある）地方裁判所に管轄を合意しておくことが望ましい（民調3条1項。なお、管轄違いの申立てであっても自庁処理および移送は認められうる。特調4条ほか）[32]。

民事調停は、調停主任1名と民事調停委員2名以上から構成される調停委員会で行うことが原則とされているところ（民調5条1項、6条）、特定調停では、事案の性質に応じて必要な法律、税務、金融、企業の財務、資産の評価などに関する専門的な知識経験を有する者を調停委員に指定するものとされており（特調8条）、また、必要に応じ[33]、裁判官単独で調停を行うことも可能である（民調5条1項ただし書、15条、特調19条）[34]。

特定調停において、調停手続（協議）や調停条項（事業再生計画・経営改善計画）に係る公正性や衡平性、経済（的）合理性が担保されるしくみは、単純化

32　日弁連スキームでは、地方裁判所本庁に併設された簡易裁判所への申立てが適切とされている（同「手引1」第2の4(2)参照）。なお、新運用においては、東京地裁民事第8部および民事第20部が受理した順に従い、事案の内容にかかわらず、事件を配てんされ、各部の裁判官が民事第22部の裁判官として事件を担当するという（申立てに関する対外的な照会窓口は、民事第20部合議係。申立て事前相談メモの書式もあわせ、江原ほか・金法21頁以下（本文2、5(2)、注5および注6）、江原ほか・NBL34頁以下（本文2、5(2)、注5および注6）参照）。

33　なお、事業再生ADRにおいて一部債権者からの異論により協議が成立せず、特定調停に移行する事案では、すでに私的整理の協議が準則に従い尽くされてきたことを踏まえ、向後の手続の迅速化を企図し、裁判官による単独調停が相当かどうかを判断するものとされている（注17）。なお、江原ほか・金法25頁（本文7(1)）、江原ほか・NBL36頁（本文7(1)）参照。

34　この場合、専門的な調査事項については、倒産再生実務に通暁した弁護士などへの調査嘱託（民調12条・13条参照）も可能かつ有用である（その運用につき、林圭介「企業倒産における裁判所による再建型倒産手続の実務の評価と展望」ジュリ1349号48頁（2008年））。もっとも、手続費用という課題は残る。特定調停の申立てにかかる貼用印紙額は、訴額算定不能により1件あたり6500円にすぎないが（民事訴訟費用等に関する法律3条、4条、別表第1・14項）、別途、事件規模や負債総額などに応じて、手続費用（調査費用など）として相当額（数百万円規模）の予納を要することになる（法的整理の場合に準じ、裁判所との事前相談により定まることになろう）。この点、新運用における予納金については、調査嘱託（後述）の実施および調査事項の限定（事案に応じた選択と集中、厳選）、効率性と低コストを旨として、民事第20部に法人の民事再生を申請する際の予納金相当額を上限とし、その一定割合（たとえば6割など）が想定されている（江原ほか・金法24頁（本文6(1))、江原ほか・NBL36頁（本文6(1)）参照）。なお、日弁連スキームにおける費用全般に関する考え方につき、同「手引1」第1の4ほか参照。

すれば、調停委員会または裁判官により調停が行われる（調査嘱託などにより中立的専門家が関与する）という点にあり、事案の性質や手続の経過に応じて、当事者間の合意形成に資するため、所要の調査や和解の仲介などにつき、準則化された私的整理における中立的第三者（事業再生ADRにおける手続実施者、支援協議会スキームにおける個別支援チームなど）に相当する役回りが期待される場合もあろう。[35]

(4)　調停成立に資する制度

民事調停には、法的整理における弁済禁止の保全処分などに相当する制度は設けられておらず、関係権利者における個別的権利行使は自制（協議中の暫定リスケ・一時停止）に委ねられることが基本であるが、調停委員会は、特に必要な場合、当事者の申立てにより、事件の関係人に対して調停の内容たる事項の実現を不能または著しく困難にする行為の排除を命ずることが可能であり（調停前の措置（民調12条1項、特調22条）。執行力はないが（民調12条2項）、違反は過料の対象となる（民調35条））、私的整理の協議（一部強硬な債権者）との関係で、特定債務者に対する処分禁止や弁済禁止、関係権利者に対する債権残高維持と相殺権不行使、といった各種の措置命令も考えられる。

また、裁判所は、事件を特定調停によって解決することが相当な場合、申立てにより、特定調停の目的となった権利に関する民事執行・担保権実行の停止を命ずることも可能であり（特調7条、特調規3条）[36]、窮境の度合いが相当に進んでいる事案では，これもまた活用の場面があるかもしれない（なお、係属中の訴訟手続の中止につき、民調20条の3参照）。

従前、一般的な私的整理の限界として、債務者の提案につき債権者の大方が理解を示しているにもかかわらず、ごく一部からの異論が続くような場合に、その計画の内容や協議の過程がいかに適正であったとしても、結局、計

35　江原ほか・金法25頁（本文7(2)）、江原ほか・NBL37頁（本文7(2)）参照。

36　通常の民事調停の場合と比較し、①調停成立を不能または著しく困難にするおそれがある場合に加え、調停の円滑な進行を妨げるおそれがある場合にも利用可能である点、②担保の提供を要せずして執行停止される余地がある点、③公正証書による民事執行、担保権の実行としての競売等に加え、裁判その他の裁判所が作成する書面による執行であっても停止の対象となる点において、機能強化されている（民調規5条参照）。

画の成立に至らないという難点が指摘されてきたところ、特定調停の場合、裁判所は、調停成立の見込みがない場合でも、相当であると認めるときは、調停委員の意見を聴き、当事者双方のために衡平に考慮し、一切の事情をみて、職権で、当事者双方の申立ての趣旨に反しない限度で、事件の解決のために必要な決定をすることが可能とされており（いわゆる「17条決定・調停に代わる決定」（民調17条、特調22条）[37]、この決定は、告知の日から２週間以内に異議の申立てがない限り、裁判上の和解と同一の効力を有することになるため（民調18条各項。民訴267条参照）、これにより、裁判所における手続であれば、あるいは、裁判所において示される見解であれば、さらなる異までは唱えない意向の当事者との関係では、その消極的賛成により、私的整理が成立するに至るものである[38]。

37　その決定の内容もまた、「特定債務者の経済的再生に資するとの観点から、公正かつ妥当で経済的合理性を有するもの」でなければならない（特調20条）。ところで、旧・金銭債務臨時調停法（前掲（注３）参照）に規定されていた「強制調停」制度につき、同法７条１項は、「同条所定の場合に、裁判所が一切の事情を斟酌して、調停に代え、利息、期限その他債務関係の変更を命ずる裁判をすることができ、また、その裁判においては、債務の履行その他財産上の給付を命ずることができる旨」を定め、同法８条は、「その裁判の手続は、非訟事件手続法による旨」を定めていたが、「現行民事調停法18条（異議の申立）、19条（調停不成立等の場合の訴の提起）のような規定を欠き、……同７条の調停に代わる『裁判確定シタルトキハ其ノ裁判ハ裁判上ノ和解ト同一ノ効力ヲ有ス』ることを規定し、民訴203条は、『和解……ヲ調書ニ記載シタルトキハ其ノ記載ハ確定判決ト同一ノ効力ヲ有ス』る旨を定めて」おり、たとえ、「即時抗告の途が認められていたにせよ、その裁判が確定した上は、確定判決と同一の効力をもつこととなるのであつて、結局当事者の意思いかんに拘わらず終局的になされる裁判といわざるを得ず、そしてその裁判は、公開の法廷における対審及び判決によつてなされるものではな」く、しかるに、原原審と原審は「いずれも金銭債務臨時調停法７条による調停に代わる裁判をすることを正当としているのであつて、右各裁判所の判断は、同法に違反するものであるばかりでなく、同時に憲法82条、32条に照らし、違憲たるを免れない」とする判例がある（最（大）決昭和35・７・６民集14巻９号1657頁・判時228号５頁・判タ109号29頁）。その他、強制調停の違憲性と調停に代わる決定の合憲性につき、石川＝梶村276頁以下〔梶村太市〕参照。

38　その他、調停委員会が定める調停条項に服する旨、書面により当事者共同での申立てがある場合、調停委員会が事件の解決のため適当な調停条項を定め、その告知の時に合意が成立したものとみなされ（特調17条）、あるいは、遠隔地の当事者が期日に出頭困難である等の場合、あらかじめ調停委員会から提示された調停条項案を受諾する旨の書面を提出し、他の当事者が期日に出頭して受諾すれば、合意が成立したものとみなされる（同法16条）、といった制度も設けられているが、これらが事業再生を企図する特定調停で機能しうるかは未知数であるし、事案や当事者の性質に照らし難しそうでもある。

(5) 税制上の課題

債権者側において、調停条項（事業再生計画・経営改善計画）に基づき債権放棄等の金融支援を実施した場合、同計画は経済（的）合理性の備わる内容に立案され、かつ、公正かつ妥当な協議を経ない限りは成立し得ないはずであり、その損金算入について、基本的には問題がないと考えられる。[39]

債務者側においても、調停条項（事業再生計画・経営改善計画）に基づき債権放棄等の金融支援を受け入れた場合、その債務免除益について、税務上の期限切れ欠損金の損金算入については、基本的に問題はないと考えられるが、その充当の順位は通常の繰越欠損金からであり[40]、他の準則化された私的整理（事業再生ADRなど）の場合とは異なり、一般に公表された債務処理を行うための手続についての準則、それと一体的に定められた資産・負債の価額の評定に関する事項等が存在しないことから、2005年（平成17年）度改正税制との関係で、特定調停を利用したというだけでは、（合理的な再建計画による）資産評価損益の計上（をした場合における、期限切れ欠損金からの優先的な控除）が認められることにはならないと解される。

39　国税庁質疑応答事例「貸倒損失に該当する債権放棄（特定調停）」、「法人税法基本通達９－６－１⑶ロに該当する貸倒損失（特定調停）」、「法人税法基本通達９－６－１⑷に該当する貸倒損失（特定調停）」、「貸倒れに該当しない債権放棄の検討」、「特定調停の『経済的合理性』と法人税基本通達『相当な理由』との関係」、「債務者は『子会社等』に該当するか」など。2014年６月27日付け「特定調停スキームに基づき策定された再建計画により債権放棄が行われた場合の税務上の取扱いについて（2014年６月25日付照会に対する回答）」。

40　国税庁質疑応答事例「債権放棄を受けた場合の法人税法第59条第２項の規定の適用の有無の検討（特定調停）」ほか。

第１章　特調法の目的

●特調１条（目的）

この法律は、支払不能に陥るおそれのある債務者等の経済的再生に資するため、民事調停法（昭和26年法律第222号）の特例として特定調停の手続を定めることにより、このような債務者が負っている金銭債務に係る利害関係の調整を促進することを目的とする。

●民調１条（この法律の目的）

この法律は、民事に関する紛争につき、当事者の互譲により、条理にかない実情に即した解決を図ることを目的とする。

解　説

１　総　論

特調法１条は、特調法の目的が、経済的に破綻のおそれがある者の経済的再生に資するため、民調法の特例を設けて、債務者が負担する金銭債務に関して、利害関係の調整を促進することにある旨を規定する。

特調法が成立した1999年（平成11年）当時、サラ金等によるいわゆる多重債務者による民事調停事件や破産事件が急増し、住宅ローン債務者の破綻の増加も懸念されていた。当時の経済情勢により法人の倒産も増加しており、特にいわゆる商工ローンから借入れがあった中小企業についての債務調整手続を整備する必要があった[1]。

特定調停は、このような背景の中で、苦境にある個人および法人が、裁判所の調停手続を利用して、破綻に至る前に、債権者との話合いにより再生計

1　立法の経緯に関する詳細については、序章１参照。

画を立てて、経済的再生を図ることができるようにした制度である。

2　特調法が適用される債務者

本条は、特調法が「支払不能に陥るおそれのある債務者等」を対象とすることを明らかにしている。

特定調停の申立てをすることができる者は、「特定債務者」に限られる（特調３条１項)。ここに「特定債務者」とは、「金銭債務を負っている者であって、支払不能に陥るおそれのあるもの若しくは事業の継続に支障を来すことなく弁済期にある債務を弁済することが困難であるもの又は債務超過に陥るおそれのある法人」のことをいう（特調２条１項)。債務者の破産前に債権者との話合いにより債務の調整を図るという特定調停の基本的性格を反映して、特定調停の利用者の範囲を限定したものである。

まず、「支払不能に陥るおそれのある」者および「債務超過に陥るおそれのある」法人について、破産手続は、債務者が「支払不能」または「債務超過」の場合に開始されるが（破15条１項、16条１項)、特定債務者には、そのような状態になる前の段階にある者が含まれることになる。

次に、「事業の継続に支障を来すことなく弁済期にある債務を弁済することが困難」である者について、民事再生は「債務者が事業の継続に著しい支障を来すことなく弁済期にある債務を弁済することができないとき」を開始原因としているが（民再33条１項、21条１項)、特調法は、ここから「著しい」の文言を取り除き、「弁済することができない」を「弁済することが困難である」として、民事再生の開始原因を有するに至る前の段階にある者が特定調停を利用できるようにしたものである。

3　特定調停制度の目的

⑴　債務者の「経済的再生に資する」こと

本条は、特定調停制度の目的につき、支払不能に陥るおそれのある債務者等の「経済的再生に資する」ためであるとしている。

「経済的再生に資する」という、その実質は、特定債務者と債権者との間において「金銭債務の内容の変更、担保関係の変更」等について利害を調整することにより（特調２条４項参照）、特定債務者の破産を回避するとともに、特定債務者が消費者や労働者の場合は、その経済生活の安定化および再生を図ることを、そして、法人や事業主の場合は、事業再生の前提として財務内容を改善することを、それぞれ意味するものと解する。

代表的な再生型法的整理である民事再生手続も、「債務者の事業又は経済生活の再生を図ることを目的」とする（民再１条）。民事再生は裁判所が主宰する法的整理手続であるのに対して、特定調停は、裁判所が関与はするものの、当事者間の合意を基礎とする民事調停の特別類型であり、いわゆる私的整理に区分される。一方で、両制度は、破産のように債務者の財産の清算を目的とする清算型手続ではなく、経済面における債務者の再生を図ろうとする再生型手続である。債務者の「経済的再生に資するため」という本条の文言は、特定調停が再生型手続であることを示している。

⑵ 制度目的に資するためのしくみ

㈧ 債権者の手続参加の確保

特定調停を債務者の経済的再生に資するようにするためには、特定調停による債務等の調整が実効性をもって行われる必要がある。そのためには、当事者間の合意を基礎とする民事調停の一種である以上、まず債権者に参加してもらうことが不可欠である。特調法は、債権者の参加確保のため、以下のような規定を設けている。

① 特定調停の申立てをした特定債務者は、原則として申立てと同時に、関係権利者の一覧表を提出しなければならない（特調３条３項、特調規２条２項）。これにより、調停委員会が手続の早い段階で債権者の状況を把握して必要な対応をとることを可能としている。

② 裁判所が土地管轄のない特定調停の申立てを受けたときにおいて、自ら処理したり、土地管轄のない他の裁判所へ移送することについて、民事調停より要件を緩和している（特調４条）。関係当事者や事案の状況に応じて柔軟に担当裁判所を決められるようにして、特定調停の活用を容易にするものである。

③　同一の特定債務者について複数の特定調停事件が同一の裁判所に係属しているときは、できる限り併合して行わなければならない（特調６条）。併合取扱いにより、手続の効率的な進行が可能となるほか、債務変更の内容等についての債権者間の公平性が確保しやすくなる。

④　利害関係者は、調停委員会の許可なく特定調停に参加することが可能である（特調９条）。調停委員会の許可を必要とする民事調停より要件を緩和して、関係者の参加を容易にしたものである（民調11条１項参照）。

⑤　民事調停の特則として、調停条項案の書面による受諾の制度がある（特調16条）。当事者が調停期日への出頭が困難である場合も特定調停の成立を可能とするためである。

(B)　事実調査の促進

特定調停が特定債務者の経済的再生に資するためには、調整の対象となる特定債務者の財産および負債の状況を明らかにすることが不可欠である。これら事実関係の調査に資するため、特調法は以下の規定を設けている。

①　特定債務者は、原則として特定調停の申立てと同時に、その財産の状況を示す明細書や関係権利者の一覧表を提出しなければならない（特調３条３項、特調規２条１項・２項）。

②　当事者は、債権債務の発生原因および内容、弁済等による債権債務の内容の変更および担保関係の変更等に関する事実関係を明らかにする責務がある（特調10条）。

③　調停委員会は、特に必要があると認めるときは、当事者または参加人（特調９条参照）に対して、関係文書・物件の提出を求めることができる（特調12条）。正当な理由なく提出の要求に応じないときは、10万円以下の過料に処せられる（特調24条）。

④　民調法で事実調査および証拠調べについて職権探知主義が採用されているほか（民調12条の７第１項）、調停委員会は、必要があると認めるときは官公庁等に（特調14条１項）、特定債務者が法人である場合は労働組合等に、意見を求めることができる（同条２項）。

(C)　特定調停の内容

特定調停により定められる調停条項案は、「特定債務者の経済的再生に資するとの観点から、公正かつ妥当で経済的合理性を有する内容のものでなければならない」（特調15条、17条２項）。特定調停は、このような内容の調停を成立・履行させることを通して、個人や事業者が経済生活や事業の再生が図られることをめざすものである。

この反面として、「特定債務者の経済的再生に資するとの観点から、当事者間に公正かつ妥当で経済的合理性を有する内容の合意が成立する見込みがない場合」、または「成立した合意が公正かつ妥当で経済的合理性を有する内容のものであるとは認められない場合」、調停委員会は、特定調停が成立しないものとして、手続を終了させることができる（特調18条１項）。

(D)　その他

このほか、民事執行手続の停止（特調７条）、専門的知見を有する民事調停委員の指定（特調８条）、調停委員会が定める調停条項の制度（特調17条）も、特定債務者の経済的再生に資するという特定調停の目的を手続面から支えている。

4　民調法の特例

(1)　民調法との適用関係

特調法１条は、特調法が「民調法の特例」であることをも明らかにしている。

民事調停は、民事に関する紛争について、裁判所が運営する調停機関の仲介と助力を受けて、当事者が話合いをして、互譲により、条理にかない実情に即した合意の形成を図り、当該紛争を自主的に解決する手続である[2]。

民事調停は、広く「民事に関する紛争」を対象として、「条理にかない実情に即した解決を図る」ことを目的とする。特定調停は、民事調停の一類型ではあるが、経済的破綻のおそれがある債務者の金銭債務の調整を対象として、債務者の経済的再生に資することを目的としており、もとより、条理にかな

2　民調１条。下町和雄「民事調停の問題点」岡久幸治ほか編『新・裁判実務大系(26)簡易裁判所民事手続法』481頁（青林書院、2005年）。

い実情に即した解決が図られるべきではあるが、民事調停に比べて手続の対象および目的が限定的ではある。

また、特定調停は、あくまで民事調停の特例である以上、その成立のためには各当事者の合意が必要である。再生型法的整理の手続では、債権者の法定多数の同意により、不同意債権者の債権も減免されうることになるが、特定調停では不利益を受ける債権者による個別の同意が必要である。

特調法はこのような特質をもつ制度として特定調停に関する規定を定めて、特定調停については特調法を優先的に適用し、特調法に規定がない部分については民調法を適用することとしている（特調22条）。

(2)　特定調停の特質

民調法の規定に対して、特調法は以下のような特則を設けている。

(A)　申立権者

民調法は、「民事に関して紛争を生じたとき」に、「当事者」は調停の申立てをすることができると規定する（民調２条）。民事に関する紛争の当事者であることは必要だが、それ以外に調停の申立てができる者を制限していない。

他方、特定調停の申立てができる者は、経済的に破綻するおそれのある特定債務者に限られる（特調３条１項）。これは特定調停が債務者の破産前に債権者との話合いにより債務の調整を図る制度だからである。

(B)　調停の内容

民調法は、調停の内容が「相当」であることを調停成立の要件とする（民調14条、17条）。当事者間で成立した合意が相当でないときは、調停不成立として手続が終了する場合がある（民調14条）。

他方、特定調停では、民事調停より成立要件が厳しく設定されている。特定調停における調停の内容は、「特定債務者の経済的再生に資するという観点から、公正かつ妥当で経済的合理性を有する」ことが必要である（特調15条、17条２項、18条１項、20条）。当事者間の合意がこのような内容のものと認められないときは、調停不成立として手続終了となる場合がある（特調18条１項）。

このような要件が設けられているのは、特定調停が経済的に破綻するおそれのある者の経済的再生に資するための制度であるところ、債権者にとっても経済的合理性があり、かつ、担保権の取扱い等において公正と認められる内容でなければ、債権者も同意をすることができず、結果的に制度目的を実効的に果たせなくなるからである。債権者間の公平や債権者の経済合理性は、再生型整理においても基本的な理念とされている（民再155条１項、174条２項４号）。

(C) 民事執行手続の停止

民事調停において、裁判所は、「調停の成立を不能にし又は著しく困難にするおそれがあるとき」は、担保を立てさせて、民事執行手続の停止を命じることができる（民調規５条１項本文）。ただし、「裁判及び調書その他裁判所において作成する書面の記載に基づく民事執行の手続」は、停止の対象から除外されている（民調規５条１項ただし書）。

他方、特定調停では、「特定調停の成立を不能にし若しくは著しく困難にするおそれがあるとき」のほか、「特定調停の円滑な進行を妨げるおそれがあるとき」に、裁判所が民事執行手続の停止を命ずることができるものとされている（特調７条１項）。民事調停の場合と異なり、担保を立てさせることは停止の必要的要件とされておらず、また、裁判所が関与する債務名義に基づく民事執行手続も停止の対象から除外されていない（ただし、給与債権に基づく民事執行手続は停止の対象から除外されている。特調７条１項ただし書）。かように要件が緩和されているのは、「特定債務者の経済的再生に資する」という制度目的に照らして、執行手続を停止するかどうかを裁判所が柔軟に判断できるようにする趣旨である。

(D) その他

特定調停では、当事者に債権債務の発生原因、内容、弁済等に関する事実を明らかにする責務を課すほか（特調10条）、事件の移送（特調４条）、併合（特調６条）、調停委員の指定（特調８条）、関係権利者の参加（特調９条）、文書・物件の提出命令（特調12条）、官庁・労働組合等からの意見聴取（特調14条１項・２項）、調停条項案の書面による受諾（特調15条）等について、民事調停に対する特則が定められている。

5　利害関係の調整方法

⑴　調停と決定

特定調停は、債務者が負担する金銭債務に係る利害関係の調整の促進を目的とするところ、その具体的な利害関係の調整方法としては、調停条項による調停（特調15条、17条１項・２項）と、民調法17条による決定（いわゆる17条決定）がある（特調20条）。

⑵　調停成立による場合

調停条項により調停が成立する場合には、当事者間で調停条項を合意する場合と、調停委員会が調停条項を定める場合とがある。

特定調停もまた、当事者間の合意による解決を基本とする民事調停の一種であるから、その調停条項についても、当事者間で協議のうえ合意するのが原則的な形態となる。債務者の経済的再生のために必要となる金銭債務の調整内容について最も把握しているのは債務者である（べきである）から、まず、申立人である債務者から債権者その他の関係権利者に対して調停条項案を提示して、両者で必要な調整を行い、合意に至るのが通常である。もっとも、特調法の趣旨・目的に沿わない合意は真の経済的再生に資するものではないため、特調法15条は、民調法５条１項の規律に関連し、調停委員会が、当事者間の合意の対象となる調停条項案を提示する場合における実体的な要件（公平性、妥当性、経済的合理性）につき定めている（特調18条１項参照）。もっとも、この場合、調停成立のためには当事者間の合意が必要であり、当事者は調停委員会が提示した調停条項案に拘束されるわけではない。

以上とは異なり、特調法17条の「調停委員会が定める調停条項」は、当事者が調停委員会の定める調停条項に服する旨記載した書面により共同の申立てを行った場合において、調停委員会が事件の解決のために定める調停条項であり、当該調停条項により当事者間に合意が成立したものとみなされるしくみである（特調17条１項・３項・６項）。もっとも、あらかじめ当事者が調停委員会の定める調停条項に従うことを合意することが必要となるため、この制度の利用は容易ではないかもしれない。

⑶　調停に代わる決定を経る場合

ところで、特定調停においても、裁判所は、民調法17条が規定する「調停に代わる決定」（一般的に「17条決定」と呼ばれる）を行うことができる（特調20条）。すなわち、裁判所は、調停が成立する見込みがない場合において、相当と認めるとき、当事者双方のために衡平に考慮して、職権で事件の解決のために必要な決定をすることができる（民調17条）。特定調停における「調停に代わる決定」の内容は、当事者双方のための衡平に考慮したものでなければならない（特調17条2項）。この17条決定は、債権者が、債務者が提示した調停条項案に積極的に反対はしないが、積極的に賛成もできないというような場合に活用されている。17条決定を得て、異議の申立てがなければ、合意により調停が成立した場合と同様の効果を得られるからである（民調16条、18条5項参照）。

第２章　当事者と代理人

第１節　特定債務者と関係権利者

●特調２条（定義）

1　この法律において「特定債務者」とは、金銭債務を負っている者であって、支払不能に陥るおそれのあるもの若しくは事業の継続に支障を来すことなく弁済期にある債務を弁済することが困難であるもの又は債務超過に陥るおそれのある法人をいう。

2　この法律において「特定債務等の調整」とは、特定債務者及びこれに対して金銭債権を有する者その他の利害関係人の間における金銭債務の内容の変更、担保関係の変更その他の金銭債務に係る利害関係の調整であって、当該特定債務者の経済的再生に資するためのものをいう。

3　この法律において「特定調停」とは、特定債務者が民事調停法第２条の規定により申し立てる特定債務等の調整に係る調停であって、当該調停の申立ての際に次条第１項の規定により特定調停手続により調停を行うことを求める旨の申述があったものをいう。

4　この法律において「関係権利者」とは、特定債務者に対して財産上の請求権を有する者及び特定債務者の財産の上に担保権を有する者をいう。

●民調２条（調停事件）

民事に関して紛争を生じたときは、当事者は、裁判所に調停の申立てをすることができる。

解　説

１　趣　旨

特調法２条は、「特定債務者」、「特定債務等の調整」、「特定調停」および「関係権利者」の各概念を定義する。これにより、民調法２条が定める「民事に関する紛争」、「当事者」および「調停」の概念につき、その内容の限定ないし明確化が図られているものである。

2　特定債務者

特調法2条1項は、「特定債務者」につき、金銭債務を負っている者であって、以下のいずれかに該当するもの、と定義する。

① 支払不能に陥るおそれのある個人または法人

② 事業の継続に支障を来すことなく弁済期にある債務を弁済することが困難である個人または法人

③ 債務超過に陥るおそれのある法人

支払不能（①）とは、「債務者が、支払能力を欠くために、その債務のうち弁済期にあるものにつき、一般的かつ継続的に弁済することができない状態」をいう（破2条11項）。破産法上も、どのような条件を満たした場合に「弁済期にある債務を一般的かつ継続的に弁済することができない状態」にあたるかが明確ではないため、債務者が「支払不能」に該当するかどうかは実務上問題となることがある[1]。また、債務超過（③）とは、「債務者が、その債務につき、その財産をもって完済することができない状態」をいい（破16条1項）、通常は、債務者の貸借対照表において資産の額が負債の額を下回っている状態を意味する。もっとも、債務超過かどうかは実質的に判断されることもあるため、貸借対照表上は名目的に資産超過の状態であっても、資産や負債の内容を実態にあわせて修正したときに破産法や特調法の適用において「債務超過」と判断される場合はある[2]。

破産法は、支払不能および債務超過を破産手続開始の原因と定めている（破

1　破産法に関連しての議論の概要につき、伊藤眞『破産法・民事再生法〔第4版〕』（有斐閣、2018年）113頁以下ほか。もっとも、特定調停手続の利用適格性との関係では、本文に後述するとおり、支払不能の「おそれ」があれば足り、もとより、破産原因のような手続開始決定の要件とは異なる位置づけゆえ、クリティカルな問題にはなりにくいかと思われる（否認制度を欠く点でもしかり）。

2　破産法に関する議論として、伊藤・前掲（注1）121頁以下ほか。もっとも、簿価資産超過でも実態債務超過であれば、少なくとも債務超過の「おそれ」ありと認められ、注1の場合同様、特定調停との関係では、クリティカルな問題にはなりにくいかと思われる。

15条１項、16条１項)。民再法は、破産手続開始の原因の事実が「生ずるおそれがあるとき」と、「事業の継続に著しい支障を来すことなく弁済期にある債務を弁済することができないとき」を再生手続開始の原因として定めている(民再21条１項、33条１項)。民事再生は債務者の事業または経済生活の再生を目的とするため、債務者の財産の清算を目的とする破産より開始原因が緩やかに定められている。本条項もまた、民事再生と同様、「支払不能に陥るおそれ」および「債務超過に陥るおそれ」を特定債務者の要件としている。「事業の継続に支障を来すことなく弁済期にある債務を弁済することが困難」の要件は、対応する民事再生の開始原因と比べると、「著しい」の文言が取り除かれ、「弁済することができない」は「弁済することが困難である」に変更されている。債務者が破綻する前に、債権者との話合いにより経済的再生ができる機会を広くするため、民事再生よりさらに緩やかな要件としたものである[3]。すなわち、経済的に困窮する債務者が早期に特定調停を利用できるようにするため、特定債務者に該当するためには、破産開始原因の前段階である支払不能または債務超過に陥るおそれがあれば足りるとした趣旨であるから、すでに破産開始原因が存在する債務者も特定債務者に該当する。

ところで、特定調停の申立てを行うことができるのは、特定債務者だけである(特調３条１項)。したがって、本条項は、特定債務者の定義を通して、特定調停を利用できる場面を画する機能を有している。申立人が特定債務者に該当すると認められないときは、特定調停をしないものとして事件は終了する(特調11条)。

3　特定債務等の調整

特調法２条２項は、「特定債務等の調整」について、特定債務者と、その金銭債権者その他利害関係人との間における、金銭債務の内容の変更、担保関係の変更、その他の金銭債務に関する利害関係の調整であって、特定債務者の経済的再生に資するためのもの、と定義する。特定調停制度が対象とする民事上の紛争の範囲および紛争解決の指針を示すものと解される[4]。

ここに「利害関係人」とは、特定調停の内容について利害関係を有する者である。民調法11条の「利害関係」については、条理にかない実情に即した紛争解決（民調1条）という制度趣旨に照らし、幅広に関係者の手続参加を認める観点から、直接的、間接的のいずれも含み、法律上の利害関係だけでなく事実上の利害関係も含むと解されているが[5]、本条項の「利害関係者」も

3　日弁連スキーム（序章・注19参照）は、その対象とする債務者について、事業規模において、概ね、年間売上20億円以下、負債総額10億円以下、とするほか、次のいずれにも該当することを要件としている（同「手引1」第1の5より）。

> ⑴　対象事業者及び保証人について
> 　（略）約定金利以上は継続して支払える程度の収益力を確保できる見込みがあること（略）
> ⑵　（略）
> ⑶　法的再生手続（民事再生など）がふさわしい場合でないこと、すなわち、次のいずれにも該当しない場合であること
> 　①　手形不渡り（略）が出ることが予想されること
> 　②　個別の債権回収行為を防ぐ必要があること
> 　③　対象債権者間の意見・利害の調整が不可能又は著しく困難であること
> 　④　否認権行使や役員の責任追及などの問題があること
> ⑷　一般的に、私的再生手続がふさわしいと考えられる場合であること、すなわち、次のいずれにも該当する場合であること
> 　①　事業者の事業に収益性や将来性があるなど事業価値があり、関係者の支援により再生の可能性があること
> 　②　過剰な債務が主な原因となって経営困難な状況に陥っており、自力による再生が困難であること
> 　③　法的再生を申し立てることにより当該事業者の信用力が低下し、事業価値が著しく毀損するなど、再生に支障が生じるおそれがあること
> ⑸　経済的合理性
> 　（略）破産手続による配当よりも多くの回収を得られる見込みがあるなど、対象債権者にとって経済的な合理性が期待できること（略）
> ⑹　（以下略）

同スキームでは、特定調停申立ての前に、財務・事業に関するDDを実施して経営改善計画案を策定して、金融機関から同意の見込みを得ることが想定されている。この「同意の見込み」とは、「概ね、金融機関の支店の取引担当者レベルの同意が得られており，最終決裁権限者（本店債権管理部など）の同意が得られる見込みがあることなどの状況をいい」、「経営改善計画案に積極的に同意をするわけではないが、敢えて反対もしない」場合（民調法17条の決定がされた場合に異議の申立てをしないと見込まれる場合など）も含むとされている。また、私的整理手続の一環としての活用が想定されているため、「最低でも約定金利以上は継続して支払える程度の収益力を確保できる見込みがあること」を要件とするほか、「個別の債権回収行為を防ぐ必要がある」、「否認権行使や役員の責任追及などの問題がある」など、私的整理の実行について一般的に債権者である金融機関の同意を得ることの妨げとなりうる事情の不存在を要件としている。中小企業の事業再生支援という制度目的を踏まえると、諸要件の解釈適用については、ある程度の柔軟な運用が必要になるのではないかと思われる。

4　東京地裁「新運用」が対象とする事案につき、序章・注23参照。

同様に解される。特定債務者の経済的再生に資するという観点からは、特定調停に参加可能な者は柔軟に調整できるようにすべきだからである[6]。したがって、特定債務者が保有する財産の譲受希望者や特定債務者が保有する建物の賃借人なども利害関係人に含まれうると解される。

「金銭債務の内容の変更、担保関係の変更その他の金銭債務に係る利害関係の調整」には、弁済期その他弁済方法の変更、担保物件の処分、金銭債務の免除など、金銭債務の支払条件その他特定債務者と利害関係人との間の権利義務関係の設定および変更を広く含む。特定調停による金銭債務に係る利害関係の調整は「特定債務者の経済的再生に資するためのもの」でなければならないため、調整結果の内容は、特定債務者の保有資産、収入や収益の状況に鑑みて履行可能でなければならないし、その履行後は、債務者の経済生活や事業を再生できるものでなければならない。

4　特定調停

特調法2条3項は、特定債務者が民調法2条により申し立てる特定債務等の調整に係る調停のうち、調停の申立ての際に特定調停により調停を行うことを求める旨の申述があったものを、「特定調停」と定めている。「特定調停」が民事調停の一類型であることにつき、その申立ての方式の面から示しているといえる（特調法は民調法の特例であり（特調1条）、特定調停に関しては、一次的には特調法が適用され、同法の定めがない場合は民調法が適用される（特調22条））。

まず、特定調停は、特定債務者によってのみ、申し立てられるべきものである。特定債務者の定義は本条1項に定められているが、特定調停制度の利用は、金銭債務の負担により経済的窮境に陥った本人による申立てが必要である。特定債務者の定義に該当しない者は特定調停の申立てをすることはで

5　石川＝梶村158頁。

6　これに対して、たとえば、再生手続における文書閲覧権者を定める民再法16条の「利害関係人」は、再生手続に法律上の利害関係を有する者を意味し、事実上の利害関係は含まれないと解されている。園尾隆司ほか編『条解民事再生法〔第3版〕』68頁（弘文堂、平成25年）。

きず、また、破産や民事再生のように、債権者その他の利害関係人による特定調停の申立ても認められない。

次に、特定調停申立ての際には、特定債務者が特定調停によることを求める旨、申述されるべきものとされる。すなわち、特定債務者は、特定債務等の調整（本項参照）に係る調停の申立てをするときは、特定調停により行うことを求めることができ（特調３条１項）、この申述は調停申立ての際に行わなければならない（同条２項）。

5　関係権利者

特調法２条４項は、「関係権利者」について、特定債務者に対して財産上の請求権を有する者および特定債務者の財産の上に担保権を有する者、と定義する。

「関係権利者」には、特定債務者に対して保証債務の求償権を有する者（信用保証協会など）も含む[7]。

破産や民事再生では、手続開始前の原因に基づいて生じた財産上の請求権について（破２条５項、民再84条１項参照）、これを破産・再生債権として、また、手続開始時に存する担保権（破２条９項、民再53条１項）について、これを別除権として、各手続との関連性を手続開始の時点と関連させて規律しているが、特定調停には「特定調停手続の開始」のような概念はなく、特定調停の対象が手続内外の一定時点に存在した債権または担保権に限定されるものではなく、特定債務者および関係権利者との合意により、特定調停申立て前の一定の時点を基準時として定めて、基準時に存在する債権額を基準として権利変更の内容を合意することも可能である（申立てから調停成立までの間に生ずる利息等を対象に取り込むことも妨げられない）。

この「関係権利者」については、特調法３条３項および９条にも関連の定めがある。

すなわち、調停申立ての際に、特定調停を行うことを求める旨の申述を行

7　日弁連スキーム「手引１」第５の２(1)参照。

う特定債務者は、原則として申立てと同時に、「関係権利者」の一覧表を提出すべきものとされている（特調３条３項）。公正妥当で経済合理性を有する内容の特定調停（特調15条、17条２項、18条１項参照）を成立させるためには、調停委員会において、関係権利者の顔ぶれとそれぞれの権利関係の内容を把握することが必要であり、その全貌を把握するには特定債務者の協力（自助努力）が不可欠であるため、義務づけられたものであるが、特定債務者の要件を充足しているかどうかの判断に必要であるほか（申立人が特定債務者であるとは認められないときは、特定調停は終了する（特調11条））、手続の迅速かつ効率的な進行に資するため、原則として調停申立ての際に提出を求められている。

また、特定調停の結果に利害関係を有する「関係権利者」が特定調停手続に参加する際、調停委員会の許可は不要とされている（特調９条）。調停の結果について利害関係を有する者は、調停委員会の許可を受けて、調停手続に参加することができるとする民調法11条の特則である。公正妥当で経済合理性を有し、特定債務者の経済的再生に資する特定調停を成立させるためには、調停委員会の許可を待つまでもなく「関係権利者」が手続に参加することは望ましく、また、特定調停における「関係権利者」は、特定債務者に対して財産上の権利関係を有する者に限られるため、調停委員会の許可なくその参加を認めることとしても、手続運営上の支障も生じないと考えられたことによる。

第２節　当事者による手続行為と能力

Ⅰ　調停行為能力と法定代理・授権等

●非訟16条（当事者能力及び手続行為能力の原則等）

1　当事者能力、非訟事件の手続における手続上の行為（以下「手続行為」という。）をすることができる能力（以下この項及び第74条第１項において「手続行為能力」という。）、手続行為能力を欠く者の法定代理及び手続行為をするのに必要な授権については、民事訴訟法第28条、第29条、第31条、第33条並びに第34条第１項及び第２項の規定を準用する。

2　被保佐人、被補助人（手続行為をすることにつきその補助人の同意を得ることを要するものに限る。次項において同じ。）又は後見人その他の法定代理人が他の者がした非訟事件の申立て又は抗告について手続行為をするには、保佐人若しくは保佐監督人、補助人若しくは補助監督人又は後見監督人の同意その他の授権を要しない。職権により手続が開始された場合についても、同様とする。

3　被保佐人、被補助人又は後見人その他の法定代理人が次に掲げる手続行為をするには、特別の授権がなければならない。

一　非訟事件の申立ての取下げ又は和解

二　終局決定に対する抗告若しくは異議又は第77条第２項の申立ての取下げ

●非訟18条（法定代理権の消滅の通知）

法定代理権の消滅は、本人又は代理人から裁判所に通知しなければ、その効力を生じない。

■非訟規12条（法人でない社団又は財団の当事者能力の判断資料の提出等・法第16条）

非訟事件の手続における法人でない社団又は財団の当事者能力の判断資料の提出については民事訴訟規則第14条の規定を、非訟事件の手続における法定代理権及び手続行為をするのに必要な授権の証明については同規則第15条前段の規定を準用する。

■非訟規13条（法定代理権の消滅の通知の方式・法第18条）

法定代理権の消滅の通知は、書面でしなければならない。

参考条文：非訟17条（特別代理人）

解　説

1　総　説

非訟法16条（民調22条・特調22条）は、当事者能力、手続行為能力、法定代理および手続行為をするのに必要な授権について、原則的に民訴法の規律による旨を定める。ここに「当事者能力」とは、特定調停に即していうと、特定調停の申立人（すなわち、特定債務者）または特定調停の相手方となりうる一般的資格をいう。また、講学上、非訟法上の「手続行為能力」のことを、民事調停では調停行為能力というが、これは、裁判所が応答すべきものとされる行為（申立てなど）をしたり、行為者の意思を基礎として法律効果が認められるような行為（調停条項への合意、調停の取下げなど）をしたりする際に有しなければならない能力をいう。[8]

2　当事者能力

⑴　民法上の権利能力

非訟法16条は民訴法28条を準用しているため、民法において権利能力を有する自然人および法人はすべて、民法上の権利能力が認められる範囲において、当事者能力を有する。具体的には、人であれば、原則として出生の時から死亡の時まで（例外として、民721条、886条、965条の場合は、胎児に権利能力が認められる。なお外国人につき、民３条２項）、法人であれば、設立の登記（会社49条）等により発生し、解散によって消滅するまでの間、ということになる。付言するに、法人が解散しても、清算の目的の範囲内で存続するものとみなされ、その範囲では引き続き当事者能力を有すると解されるので（一般社団法人150条、会社476条、破産35条）、特定調停の手続中に、法人である特定債務者が解散、清算し、さらに、その旨の登記がされた場合であっても、必要な範囲ではその当事者能力は失われず、従前からの特定調停手続を続行することは可能と解される。[9]

国および地方公共団体も、私法上の権利義務の主体であるので、当事者能力を有する。たとえば、第三セクター等を特定債務者、地方公共団体を債権者とする特定調停が実施される例がある。

8　小山148頁。なお、非訟法は16条～19条は、民訴法第３章「当事者」第１節「当事者能力及び訴訟能力」の各規定について、その大部分について準用するなどして、同様の趣旨の規定を設けている。もっとも、選定当事者の規定（民訴30条）は非訟法に準用されていないため注意を要する。

9　民訴法上の当事者能力が問題となった事例として、最判昭和44・１・30判時548号69頁参照。

なお、法人の機関には当事者能力は認められない。

⑵　権利能力なき社団・財団

民法上の権利能力を有しない法人格なき社団または財団についても、代表者または管理人の定めがある者については、当事者能力が認められる（非訟16条１項、民訴29条）。具体的には、任意団体およびその支部（たとえば、労働組合の地方本部）、地域住民の任意団体、信者の団体および未登記の株式会社などが考えられる[10]。

手続上の留意点として、法人でない社団または財団の当事者能力の判断資料の提出については、民訴規14条が準用される（非訟規12条）。すなわち、裁判所が双方の当事者に対し、その判断に必要な資料を提出させることができる（職権探知主義の採用）。

3　調停行為能力

当事者能力と同様、非訟法16条１項が準用する民訴法28条より、民法上行為能力を有する行為能力者には、調停行為能力が認められる。

民法上、制限行為能力者とされているのは、①未成年者、②成年被後見人、③被保佐人、④被補助人の４種である（なお、外国人の調停行為能力の特則につき、非訟16条１項、民訴33条参照）。

未成年者（①）は、原則として調停行為能力を有さず、その法定代理人に

10　この点、判例（最判昭和39･10･15民集18巻８号1671頁、最判昭和42･10･19民集21巻８号2078頁）は、「権利能力のない社団といいうるためには、団体としての組織をそなえ、そこには多数決の原則が行なわれ、構成員の変更にもかかわらず団体そのものが存続し、しかしてその組織によって代表の方法、総会の運営、財産の管理その他団体としての主要な点が確定しているものでなければならないのである」という基準を示している。また、その後の判例（最判平成14・６・７民集56巻５号899号）では、社団が「固定資産ないし基本的財産を有することは不可欠の要件ではな」いことが確認されている。なお、民法上の組合については、組合が「各当事者が出資をして共同の事業を営むことを約する」契約関係であり（民667条）、組合員相互間で締結される契約であって、いわゆる社団とは性質を異にするために、民訴法29条の「社団」に該当するのか、また同条に基づき当事者能力が認められるかという点について議論がある。もっとも、大審院の時代から、複数の最高裁判例において民法上の組合にも当事者能力が認められており（最判昭和37・12・18民集16巻12号2422頁）、判例が、組合であるという形式的な理由により本条の適用を排除するという立場をとっていないのは、明らかであるといえる。そのため、形式上は組合であっても、上記判例の基準を満たす場合には、民訴法29条に基づいて当事者能力が認められると解される。

より調停手続を行う必要がある（非訟16条１項、民訴31条）。ただし、未成年者が独立して法律行為をできる場合はこの限りではないため（同条ただし書）、たとえば営業を許可された未成年者は、その範囲において調停行為能力が認められる（民６条１項）。無限責任社員となることを許された場合（会社584条）も同様である。

成年被後見人（②）もまた、原則として調停行為能力を有さず、その法定代理人により調停手続を行う必要がある（非訟16条１項、民訴31条）。もっとも、未成年者とは異なり、調停行為能力が認められる例外的場合は存しない。

被保佐人（③）は、保佐人の同意を得なければ訴訟行為をすることができない（民13条１項４号）ため、特定調停においても、被保佐人は、保佐人の同意を得なければ調停手続をすることができない（非訟16条１項、民訴28条）。この同意は、「手続行為をするのに必要な授権」（非訟16条１項）にあたるため、非訟規12条、民訴規15条の適用があり、同意が存することを書面で証明する必要がある。また、少なくとも１つの調停について包括的に同意をする必要がある。[11]

被補助人（④）で、訴訟行為について補助人の同意を得なければならない旨の審判（民17条１項）を受け、補助人の同意を得なければ訴訟行為をすることができない被補助人は、特定調停においても、補助人の同意を得なければ調停手続をすることができない（非訟16条１項、民訴28条）。この同意は、「手続行為をするのに必要な授権」（非訟16条１項）にあたり、被保佐人の場合と同様、書面により証明する必要があり（非訟規12条、民訴規15条）、また、少なくとも１つの調停について包括的にする必要がある。[12]

11　ただし、かかる原則を貫き、被保佐人が手続行為の相手方となる場合にも保佐人の同意が必要であるとすると、被保佐人は保佐人の同意がないことを理由に相手方の手続行為を受けることを拒むことができることになってしまう。それでは被保佐人を相手方として手続行為をする者の手続保障に欠けることとなるため、こうした相手方の裁判を受ける権利を保障すべく、他の者がした特定調停の申立てもしくは抗告について調停手続をする場合には、保佐人の同意を得ずに調停手続をすることができることが定められている（非訟16条２項）。民訴法32条１項と同様の趣旨の規定である。

12　他の者がした特定調停の申立てもしくは抗告について調停手続をする場合についても、被保佐人と同様である（注11参照）。

4　法定代理行為と授権による行為

⑴　法定代理

法定代理とは、当事者自らの意思ではなく、法律の定めに基づいて代理権を有する代理人が、当事者に代わり、その者のためにその者の名で行為することをいう。民事訴訟において訴訟行為について代理権を有する親権者および後見人等については、特定調停の調停手続についても代理権を有する（非訟16条１項、民訴28条、民824条本文、859条１項等）。これにより、たとえば親権者は、未成年者に代わって未成年者の名で特定調停の調停手続を行うことが可能となる。訴訟行為について代理権を付与する旨の審判がされた保佐人および補助人も同様である（非訟16条１項、民訴28条、民876条の４第１項、876条の９第１項参照）。

手続面の問題として、法定代理権は、書面で証明しなければならない（非訟規12条、民訴規15条）。また、法定代理権の消滅は、本人または代理人から裁判所に書面で通知しなければ効力を生じない（非訟18条、非訟規13条。民112条の特則である）。

⑵　手続行為をするのに必要な授権

被保佐人や訴訟行為をすることにつきその補助人の同意を得ることを要する被補助人など、民事訴訟において訴訟行為をするために同意その他の授権が必要な者は、特定調停の調停手続についても同意その他の授権が必要になる（非訟16条１項、民訴28条、民13条１項４号、17条１項、864条等参照）。

5　所要の能力・権限・授権を欠く行為

⑴　補　正

調停行為能力、法定代理権または調停手続をするのに必要な授権を欠く（裁判所が調停行為能力等の欠缺を認識した）場合、裁判所は、直ちに調停手続を無効とし特定調停の申立てを却下等するのではなく、まずは期間を定めて、その補正を命じなければならない（民法上、制限行為能力者の行った法律行為が取り消しうべき行為とされているのと異なる（民５条２項、９条、13条４項、17

条４項))。ここに補正とは、法定代理人など当事者のために有効に手続行為をすることができる者を出頭させ、それまでの手続について追認を促すとともに、以後有効な手続行為がされるよう確保することをいう。たとえば、未成年者が自らを特定債務者とする特定調停の申立てをして、裁判所が当該未成年者に対し補正命令をした場合には、法定代理人（通常は親権者（民824条））が、当該未成年者が行った申立てを追認し、以降当該未成年者を代理して調停手続を行うことで、補正の効果が認められる。この場合において、遅滞のため損害を生ずるおそれがあるときは、裁判所は、一時調停手続をさせることができる（非訟16条１項、民訴34条１項)。

本条の趣旨は、調停行為能力、法定代理権および調停手続をするのに必要な授権を欠く調停手続は、調停手続が積み重なっていく性質のものであるため、手続安定の観点から、取り消しうべき行為ではなく無効であると解されているところ、これらが欠けた場合であっても補正や訴訟行為の追認（後記⑵）により瑕疵が治癒される場合がありうることから、瑕疵を治癒するための手続を定めるとともに、その効果を規定する点にある（調停行為能力、法定代理権、調停手続をするのに必要な授権に対してのみならず、当事者能力についても類推されるべきであるとされている[13])。

⑵ 追　認

調停行為能力、法定代理権または調停手続をするのに必要な授権を欠く者がした調停手続は、これらを有するに至った当事者または法定代理人の追認により、行為の時にさかのぼってその効力を有する（非訟16条１項、民訴34条２項)。

追認をすることができるのは、その対象となる調停手続を有効にすることができる者である。たとえば、成年に達した未成年者、後見開始の審判が取り消された成年被後見人、保佐人から同意を得た被保佐人などである。

追認の時期および方式に制限はなく、黙示による追認も認められる。調停手続の連続性から、追認は、（被保佐人および被補助人が要する調停手続に対す

13　秋山幹男ほか『コンメンタール民事訴訟法Ⅰ〔第２版追補版〕』339頁（日本評論社、2014年)。

る同意と同じく）少なくとも１つの調停におけるすべての調停手続に対してすることが必要である。

追認の効果は、追認の対象となる調停手続の行為の時にさかのぼって生じる。

(3)　特別の授権

被保佐人、被補助人または後見人その他の法定代理人が、非訟事件の申立ての取下げおよび和解、終局決定に対する抗告および異議等をする場合には、特別の授権を要する（非訟16条３項）。民事調停および特定調停についても、本条が適用されると解される。[14]

本条は、民訴法32条と同様の趣旨の規定である。その趣旨は、本来被保佐人や訴訟行為をすることにつきその補助人の同意を得ることを要する被補助人は、審級ごとに（調停では、調停ごとに）その保佐人または補助人から同意を得れば問題なく手続行為を行うことができるところ、上記のような手続を終結させる意味をもつ重要な行為であって、事前に予想されず事前の同意の範疇に包含されているとはいえない行為を行う場合には、その行為ごとに個別の同意を要することとし、もって制限行為能力者の保護を図る点にある。

特定調停に即していうと、特定調停の申立ての取下げ（民調19条の２）や調停を成立させる場合には特別の授権が必要になると考えられる。[15]

なお、本条の特別の授権も、書面により証明する必要がある（非訟規12条、民訴規15条）。

Ⅱ　法人代表者の権能

●非訟19条（法人の代表者等への準用）

法人の代表者及び法人でない社団又は財団で当事者能力を有するものの代表者又は管理人については、この法律中法定代理及び法定代理人に関す

14　小山152頁。

15　民事調停実務研究会編『最新民事調停事件の申立書式と手続〔三訂版〕』14頁（新日本法規出版、2013年）。

る規定を準用する。

■非訟規14条（法人の代表者等への準用・法第19条）

法人の代表者及び法人でない社団又は財団で当事者能力を有するものの代表者又は管理人については、この規則中法定代理及び法定代理人に関する規定を準用する。

解　説

1　原則論

法人および法人でない社団または財団で当事者能力を有するものは、その性質上、自ら実際に手続行為を行うことができず、その代表者または管理人が調停手続を行う。これらの者が有するのは代表権であり、代理権ではないが、自ら有効に訴訟行為をすることができない訴訟無能力者とその法定代理人の関係との類似性から、法人の代表者や法人でない社団または財団の代表者または管理人を訴訟無能力者の法定代理人に準じて扱うことが定められている。なお、規則の適用関係についても、法人と同様に扱われる（非訟規14条）。

2　表見法理適用の可否

登記簿上等で代表者と表示され代表者として調停手続を行った者に、真実は代表権が存しなかった場合に、実体法上の表見法理適用があるか否かという点については、民訴法における解釈が調停手続にも同様に妥当すると考えられる[16]。この点につき、従来の判例は、表見法理の適用を否定している[17]。

16　石川＝梶村173頁。
17　最判昭和41・9・30民集20巻7号1523頁、最判昭和45・12・15民集24巻13号2072頁。

第３節　手続代理人

●非訟22条（手続代理人の資格）

1　法令により裁判上の行為をすることができる代理人のほか、弁護士でなければ手続代理人となることができない。ただし、第１審裁判所においては、その許可を得て、弁護士でない者を手続代理人とすることができる。

2　前項ただし書の許可は、いつでも取り消すことができる。

●非訟23条（手続代理人の代理権の範囲）

1　手続代理人は、委任を受けた事件について、参加、強制執行及び保全処分に関する行為をし、かつ、弁済を受領することができる。

2　手続代理人は、次に掲げる事項については、特別の委任を受けなければならない。

一　非訟事件の申立ての取下げ又は和解

二　終局決定に対する抗告若しくは異議又は第77条第２項の申立て

三　前号の抗告、異議又は申立ての取下げ

四　代理人の選任

3　手続代理人の代理権は、制限することができない。ただし、弁護士でない手続代理人については、この限りでない。

4　前３項の規定は、法令により裁判上の行為をすることができる代理人の権限を妨げない。

●非訟24条（法定代理の規定及び民事訴訟法の準用）

第18条並びに民事訴訟法第34条（第３項を除く。）及び第56条から第58条まで（同条第３項を除く。）の規定は、手続代理人及びその代理権について準用する。

■非訟規16条（手続代理人の代理権の証明等・法第23条等）

1　手続代理人の権限は、書面で証明しなければならない。

2　前項の書面が私文書であるときは、裁判所は、公証人その他の認証の権限を有する公務員の認証を受けるべきことを手続代理人に命ずることができる。
3　手続代理人の権限の消滅の通知は、書面でしなければならない。

参考条文：非訟25条（補佐人）

解　説

1　調停代理人の資格

(1)　総　論

特定調停の当事者は、自らに代わって調停手続を行う代理人を選任することができる。講学上、調停事件において、当事者自らの意思に基づいて選任され、本人との代理権授与行為に基づいて、当事者に代わり、その者のためにその者の名で調停手続を行うことを、調停代理といい、その代理人を調停代理人という。

調停代理の根拠規定については、2つの考え方がある。1つは、民調規8条がそれを定めるという見解である。同条は、調停委員会の呼出しを受けた当事者は、自ら出頭しなければならないとし、やむを得ない事由があるときについて、代理人を出頭させることができる旨を定め（同条1項）、その代理人の資格を規制しており（同条2項、3項）、これを調停代理の規律と考える。これに対し、多数説は、同条は本人出頭主義の例外として出頭代理を特に認めた規定[18]であり、その限度で非訟法の特則であると考え[19]、調停代理の規制は、非訟法22条を参照すべきであると考える。本書でもこれに依る。

(2)　弁護士代理の原則

非訟法22条1項では、旧非訟事件手続法（明治31年6月21日法律第14号）では採用されていなかった弁護士代理の原則が採用されており、調停代理人には、原則的に弁護士を選任する必要がある。その趣旨は、いわゆる事件屋等の介入を一般的に防止するとともに、法律に精通していない当事者の利益を

18　出頭代理とは、調停手続全般について代理人として行為をする代理人ではなく、ある期日に出頭することについての代理人をいうと解されている。
19　石川＝梶村174頁。

保護する点にある。

ただし、「法令により裁判上の行為をすることができる代理人」、すなわち、法令の規定により本人の一定範囲の業務について、一切の裁判上の行為をもすることができる権限を有する者については[20]、弁護士代理の原則の適用がない。実体法上、本人のために一定範囲の業務について代理権を併有していることが通例であり、たとえば支配人（会社11条１項）または船長（商713条１項）などが、これにあたる。

(3)　弁護士でない者を手続代理人とする場合

非訟法は、弁護士でない者を手続代理人とすることができる場合について、裁判所の許可を得る必要がある旨、かつ、それは第１審裁判所に限られる旨、定めているが（非訟22条１項）、17条決定に対し異議がある場合や調停が不成立の場合には訴訟手続に移行することが可能であることを考えると（民調18条、19条）、調停手続においても、同様に考えられる。

なお、裁判所は、かかる許可をいつでも取り消すことができる（非訟22条２項）。

2　調停代理権の範囲と制限

(1)　代理権の範囲に係る法定の規律

特定の事件に関する調停代理権を授与する行為は、通常、本人と代理人との間の委任契約の締結により行われる。そのため、調停代理権の範囲は、基本的には代理権授与行為たる委任契約の解釈により定まるとも思われるが、非訟法23条１項は、一定の事項が手続代理人の代理権に含まれる旨を規定しており、その趣旨は、民訴法55条１項と同様に、手続代理人の代理権の範囲を包括的かつ画一的に定め、これに制限を加えることができない旨（非訟23条３項参照）を定める点にあると解釈されている[21]。そのため、調停代理人に調停手続を委任した場合は、当該事件について、参加、強制執行および

20　なお、法令に基づいて代理権が発生するが、当事者本人の意思に基づいて選任される点において、法定代理（未成年者における親権者による代理など）とは区別される。

21　秋山ほか・前掲（注13）537頁、金子編著・逐条解説88頁参照。

保全処分に関する行為並びに弁済を受領する行為についても当然に委任したものと扱われる。

以上にかかわらず、本人に重大な結果を及ぼす行為については、あらためて本人の意思を確認する必要があると考えられたために、特別の委任がなければ手続代理人が行為することができない旨も定められている（民訴55条2項）。実務上は、委任状に、特別委任事項が不動文字で印字されている例が多い。

特定調停では、以下の行為を行う場合には、調停代理人に対し特別の委任をすることを要すると考えられる[22]。

① 特定調停の申立ての取下げ（民調19条の2）

② 調停を成立させる行為

③ 17条決定に対する異議申立て（民調18条1項）

④ 復代理人の選任

⑵ 代理権の範囲の制限に係る禁止と特例

調停代理人が弁護士である場合、その代理権を制限することはできない（非訟23条3項）。これは、弁護士であれば誠実に調停手続を遂行することが、ある程度は担保されると考えられるため、制限を禁止しておくことで、調停手続を迅速かつ円滑に進行できるというメリットに期待する趣旨の規定である。

他方、裁判所の許可を得て弁護士でない者が手続代理人となっている場合（非訟22条1項ただし書）は、本人が有効にその代理権を制限することができる（非訟23条3項ただし書）。

なお、法令により裁判上の行為をすることができる代理人（非訟22条1項本文）の代理権は、非訟法23条1項ないし3項の規定による制限を受けない（同条4項）。かかる代理権の範囲は、それぞれその法令により定まるからである。特に、特別の委任なくして非訟法23条2項各号事項（特定調停については、前記⑴列挙事項）を行うことができる点に注意を要する。

22　民事調停実務研究会編・前掲（注15）16頁。

3　調停代理に係る民訴法の規定の準用

(1)　調停代理権の消滅の通知

手続安定の見地から、調停代理権の消滅は、本人または代理人から裁判所に通知しなければ効力を生じない（非訟24条・18条）。この通知は、書面でしなければならない（非訟規16条3項）。

(2)　訴訟能力を欠く場合の措置

調停代理人として調停手続をしようとする者が調停代理権を欠くときは、裁判所は、期間を定めて、その補正を命じなければならない。この場合において、遅滞のため損害を生ずるおそれがあるときは、裁判所は、一時調停手続をさせることができる（非訟24条、民訴34条1項）。

また、調停代理権を欠く者がした調停手続は原則として無効となる[23]。もっとも、本人または調停代理権を有するに至った者の追認により、行為の時にさかのぼって有効となる。（非訟24条、民訴34条2項）。

(3)　個別代理

調停代理人が数人あるときは、各自が本人を代理する（非訟24条、民訴56条1項）。本条は強行規定である（同条2項）。

(4)　当事者による更正

調停代理人の事実に関する陳述は、当事者が直ちに取り消し、または更正したときには、この効力を生じない（非訟24条、民訴57条）。本条は「事実に関する陳述」に限られており、法律上の主張には適用がないことに注意を要する。本来ならば自白が成立するような場合であっても、自白の撤回の要件がなくとも、本条に基づいて取り消し、または更正することが可能である。

(5)　調停代理権の不消滅

調停代理権は、原則として、民法その他の法令の定める事由によって消滅する。この点、民法では、本人の死亡（民111条1項1号）、代理人の死亡（同項2号）、代理人が破産手続開始の決定または後見開始の審判を受けたこと

23　小山153頁。

(同号) 等が、代理権の消滅事由として定められている。

そうではあるが、手続法に固有の事情に照らし、上記原則にかかわらず、調停代理権が消滅しない場合が定められている(非訟24条、民訴58条1項・2項)。

① 当事者の死亡

② 当事者の調停行為能力の喪失

③ 当事者である法人の合併による消滅

④ 当事者である受託者の信託に関する任務の終了

⑤ 法定代理人の死亡

⑥ 法定代理人の調停行為能力の喪失

⑦ 法定代理人の代理権の消滅または変更

また、一定の資格を有する者で自己の名で他人のために特定調停の当事者となる者の調停代理人の代理権は、当事者の死亡その他の事由による資格の喪失によっては、消滅しない(非訟24条、民訴58条2項)。これに該当するのは、破産管財人 (破80条)、遺言執行者 (民1012条) 等である。

4 手続上の留意点

調停代理人の権限は、書面によって証明する必要がある (非訟規16条1項)。たとえば、非訟法23条の特別の委任がある旨も[24]、書面により証明する必要がある。

24 前掲 (注22) 参照。

第３章　特定調停の申立て

第１節　申立ての方式

Ⅰ　申立てと申立書

●特調３条（特定調停手続）

1　特定債務者は、特定債務等の調整に係る調停の申立てをするときは、特定調停手続により調停を行うことを求めることができる。

2　特定調停手続により調停を行うことを求める旨の申述は、調停の申立ての際にしなければならない。

3　前項の申述をする申立人は、申立てと同時に（やむを得ない理由がある場合にあっては、申立ての後遅滞なく）、財産の状況を示すべき明細書その他特定債務者であることを明らかにする資料及び関係権利者の一覧表を提出しなければならない。

●民調４条の２（調停の申立て）

1　調停の申立ては、申立書を裁判所に提出してしなければならない。

2　前項の申立書には、次に掲げる事項を記載しなければならない。

　一　当事者及び法定代理人

　二　申立ての趣旨及び紛争の要点

●非訟42条（電子情報処理組織による申立て等）

1　非訟事件の手続における申立てその他の申述（次項において「申立て等」という。）については、民事訴訟法第132条の10第１項から第５項までの規定（支払督促に関する部分を除く。）を準用する。

2　前項において準用する民事訴訟法第132条の10第１項本文の規定によりされた申立て等に係るこの法律その他の法令の規定による非訟事件の記録

の閲覧若しくは謄写又はその正本、謄本若しくは抄本の交付は、同条第５項の書面をもってするものとする。当該申立て等に係る書類の送達又は送付も、同様とする。

●非訟43条（申立ての方式等）

1　（略）

2　（略）

3　申立人は、二以上の事項について裁判を求める場合において、これらの事項についての非訟事件の手続が同種であり、これらの事項が同一の事実上及び法律上の原因に基づくときは、一の申立てにより求めることができる。

4　非訟事件の申立書が第２項の規定に違反する場合には、裁判長は、相当の期間を定め、その期間内に不備を補正すべきことを命じなければならない。民事訴訟費用等に関する法律（昭和46年法律第40号）の規定に従い非訟事件の申立ての手数料を納付しない場合も、同様とする。

5　前項の場合において、申立人が不備を補正しないときは、裁判長は、命令で、非訟事件の申立書を却下しなければならない。

6　前項の命令に対しては、即時抗告をすることができる。

■特調規１条（特定調停の申立て・法第３条）

1　特定債務等の調整の促進のための特定調停に関する法律（平成11年法律第158号。以下「法」という。）第２条（定義）第３項の特定調停の申立人が事業を行っているときは、当該申立人は、申立てと同時に（やむを得ない理由がある場合にあっては、申立ての後遅滞なく）、関係権利者との交渉の経過及び申立人の希望する調停条項の概要を明らかにしなければならない。

2　特定調停の申立人が法人であるときは、当該申立人は、申立てと同時に（やむを得ない理由がある場合にあっては、申立ての後遅滞なく）、当該申立人の使用人その他の従業者の過半数で組織する労働組合があるときはその労働組合の名称、当該申立人の使用人その他の従業者の過半数で組織する労働組合がないときは当該申立人の使用人その他の従業者の過半数を代表する者の氏名を明らかにしなければならない。

■特調規２条（財産の状況を示すべき明細書等・法第３条）

1　法第３条（特定調停手続）第３項の財産の状況を示すべき明細書その他特定債務者であることを明らかにする資料には、次に掲げる事項を具体的に記載しなければならない。

一　申立人の資産、負債その他の財産の状況

二　申立人が事業を行っているときは、その事業の内容及び損益、資金繰りその他の事業の状況

三　申立人が個人であるときは、職業、収入その他の生活の状況

2　法第３条第３項の関係権利者の一覧表には、関係権利者の氏名又は名称及び住所並びにその有する債権又は担保権の発生原因及び内容を記載しなければならない。

■民調規３条（調停の申立て）

法第４条の２第１項の申立書には、申立ての趣旨及び紛争の要点並びに第24条において準用する非訟事件手続規則（平成24年最高裁判所規則第７号）第１条第１項各号に掲げる事項を記載するほか、紛争の要点に関する証拠書類があるときは、その写しを添付しなければならない。

■民調規10条（申立書の補正等の促し）

調停主任は、法第４条の２第１項の申立書の補正又は調停手続に必要な書類の提出を促す場合には、裁判所書記官に命じて行わせることができる。

■非訟規１条（当事者等が裁判所に提出すべき書面の記載事項）

1　申立書その他の当事者、利害関係参加人又は代理人が裁判所に提出すべき書面には、次に掲げる事項を記載し、当事者、利害関係参加人又は代理人が記名押印するものとする。

一　当事者及び利害関係参加人の氏名又は名称及び住所並びに代理人の氏名及び住所

二　当事者、利害関係参加人又は代理人の郵便番号及び電話番号（ファクシミリの番号を含む。次項において同じ。）

三　事件の表示

四　附属書類の表示

五　年月日

六　裁判所の表示

2　前項の規定にかかわらず、当事者、利害関係参加人又は代理人からその住所、郵便番号及び電話番号を記載した同項の書面が提出されているときは、以後裁判所に提出する同項の書面については、これらを記載することを要しない。

■非訟規２条（裁判所に提出すべき書面のファクシミリによる提出）

1　裁判所に提出すべき書面は、次に掲げるものを除き、ファクシミリを利用して送信することにより提出することができる。

一　民事訴訟費用等に関する法律（昭和46年法律第40号）の規定により手数料を納付しなければならない申立てに係る書面

二　その提出により非訟事件の手続の開始、続行、停止又は完結をさせる書面（前号に該当する書面を除く。）

三　法定代理権、非訟事件の手続における手続上の行為（第12条において「手続行為」という。）をするのに必要な授権又は手続代理人の権限を証する書面その他の非訟事件の手続上重要な事項を証明する書面

四　再抗告若しくは特別抗告の抗告理由書又は非訟事件手続法（平成23年法律第51号。以下「法」という。）第77条第２項（法第82条において準用する場合を含む。）の申立てに係る理由書

2　ファクシミリを利用して書面が提出されたときは、裁判所が受信した時に、当該書面が裁判所に提出されたものとみなす。

3　裁判所は、前項に規定する場合において、必要あると認めるときは、提出者に対し、送信に使用した書面を提出させることができる。

■非訟規３条（裁判所に提出する書面に記載した情報の電磁的方法による提供等）

1　裁判所は、書面を提出した者又は提出しようとする者が当該書面に記載されている情報の内容を記録した電磁的記録（電子的方式、磁気的方式その他人の知覚によっては認識することができない方式で作られる記録であって、電子計算機による情報処理の用に供されるものをいう。以下この項において同じ。）を有している場合において、必要があると認めるときは、その者に対し、当該電磁的記録に記録された情報を電磁的方法（電子情報処理組織を使用する方法その他の情報通信の技術を利用する方法をいう。）であって裁判所の定めるものにより裁判所に提出することを求めることができる。

2　裁判所は、申立書その他の書面を送付しようとするときその他必要があると認めるときは、当該書面を裁判所に提出した者又は提出しようとする者に対し、その写しを提出することを求めることができる。

■非訟規４条（申立てその他の申述の方式等に関する民事訴訟規則の準用）

民事訴訟規則（平成８年最高裁判所規則第５号）第１条の規定は非訟事件の手続における申立てその他の申述の方式について、同規則第４条の規定は非

訟事件の手続における催告及び通知について、同規則第５条の規定は非訟事件の手続における書類の記載の仕方について準用する。

■非訟規37条（非訟事件の申立書の記載事項等・法第43条）

１　非訟事件の申立書には、申立ての趣旨及び申立ての原因（申立てを特定するのに必要な事実をいう。）を記載するほか、申立てを理由づける事実を具体的に記載しなければならない。

２　非訟事件の申立書に申立てを理由づける事実以外の事実を記載する場合には、できる限り、申立てを理由づける事実と区別して記載しなければならない。

３　申立てを理由づける事実についての証拠書類があるときは、その写しを非訟事件の申立書に添付しなければならない。

４　裁判所は、申立人に対し、前項の証拠書類の写しのほか、非訟事件の手続の円滑な進行を図るために必要な資料の提出を求めることができる。

■非訟規38条（非訟事件の申立書の補正の促し・法第43条）

裁判長は、非訟事件の申立書の記載について必要な補正を促す場合には、裁判所書記官に命じて行わせることができる。

■非訟規39条（非訟事件の申立書の却下の命令に対する即時抗告・法第43条）

非訟事件の申立書の却下の命令に対し即時抗告をするときは、抗告状には、却下された非訟事件の申立書を添付しなければならない。

参考条文：民訴132条の10（電子情報処理組織による申立て等）、民訴規１条（申立て等の方式）、４条（催告及び通知）、５条（訴訟書類の記載の仕方）

解　説

１　概　要

特定調停は、民事調停の特別手続として位置づけられるものであるから、その申立ての方式、申立書の記載事項、必要な添付資料などについては、特調法に特に定める場合を除き、またはその定めと重畳して、本則である民調法の規定が適用され、かつ、規律の内容において抵触のない範囲では、非訟法の規定が準用されることになる（特調22条、民調４条の２、非訟43条ほか）。

以上を前提としつつ、特調法３条は、特調法に依拠した民事調停については特定債務者による法定の申述が必要である旨、その他、その申立ての方式などにつき定めるものである。

2　申立権者と当事者

(1)　申立人

特定調停の申立てには特定債務者による申述が必要であるから（特調３条１項）、おのずと、その申立権者は、特定債務者としての要件（特調２条１項参照）を充たすものに限られ、債権者側が主導して特定調停を用いることはできない。自ら申立てを行おうとしない債務者にあっては、その主体的な経済的再生が図られるものか心許ないし、債務者自身により資産や負債の全体像が明らかにされるか懸念もあるし、そもそも法的倒産処理とは制度設計も手続構造も異なる調停手続において[1]、債務者本人の意思に反してまで財産状況の全体像を開披せしめるのは相当でないと考えられるからである[2]。

(2)　相手方

特定調停の相手方は、基本的には、申立人の債権者または担保権者、すなわち関係権利者である（特調２条２項・４項）。

特定調停においては、成立した調停の内容は、「債務者の経済的再生に資するとの観点から、公正かつ妥当で経済的合理性を有する」（特調15条、17条２項、18条１項）ものでなければならないとされているところ、このような要件を充たす場合において、たとえば、大多数の債権者が調停条項の実質的な内容（再生計画案・弁済計画案）に合意する見込みがあり、合意している債権者との間で調停条項の履行の見込みがある等の場合には、必ずしも債権者全員を特定調停の相手方とする必要はない[3]。

もとより、金融債務の整理（債務者企業および各金融債権者間の利害調整）を旨とする私的整理に特定調停の手続を利用しようとする場合、商取引債権者を手続（協議）の枠外とすることにより、既存の商流や物流を維持し、事業

1　序章２参照。
2　第１章２参照。一問一答43頁。
3　一問一答41頁。なお、日弁連スキーム（序章・注19参照）「手引１」第１の５(2)参照。

価値の毀損を可及的に回避し、その再生に資することが企図される。

3　申立書・附属書類・添付資料

(1)　申立書の記載事項

民事調停の申立ては、裁判所に申立書を提出して行うべきところ、特定調停手続による調停を求めうる場合には、その申立ての際、その旨の申述を要することになる（特調３条２項）。

民調法による記載事項の大枠は、まず第１に、当事者および法定代理人（民調４条の２第２項１号）、そして第２に、申立ての趣旨および紛争の要点（同項２号）、という２項目に収斂されるが、さらに規則事項として、前者（第１）については、当事者および代理人の氏名・住所等（非訟規１条１項１号）、当事者および代理人の郵便番号・電話番号等（同項２号）、事件の表示（同項３号）、附属書類の表示（同項４号）、年月日（同項５号）、裁判所の表示（同項６号）が求められ（民調規３条、24条）、また後者（第２）との関係では、特定調停手続による調停を求める旨の申述も兼ね、その申立ての趣旨として、「債務額を確定したうえ債務支払方法を協定したい……特定調停手続により調停を行うことを求める」云々の記載をしつつ[4]、申立書そのものに記述するか、別途、適宜、明細書や目録などを調製するかは、事案の規模や内容によるとして、ともかくも、紛争の要点について、明らかにすべきことになる[5]。

その他、特定調停に関連して特に定められている留意点としては、まず、①申立人が事業を行っているときは、申立てと同時に（やむを得ない等の場合には遅滞なく）、関係権利者との交渉の経過および申立人の希望する調停条項の概要を明らかにする必要があり（特調規１条１項）[6]、また、②申立人が法人

4　民事調停実務研究会編『最新民事調停事件の申立書式と手続〔三訂版〕』543頁（新日本法規出版、2013年）のほか、各地の裁判所がウェブサイト等に公表する書式を参照のこと。なお、特定債務者が、特定調停手続により調停を行うことを求める旨の申述を行った後、その申述の撤回はできないものと解されており、調停手続が終了するまで、特定調停として手続が進められることになる（一問一答48頁）。もっとも、そのことのゆえに、特定調停に固有の事由により、調停が不調に至る可能性もある（特調11条ほか参照）。

5　なお、非訟法43条１項および２項の定めに対し、民調法４条の２第１項および２項は「特別の定め」（民調22条）に該当する（準用なし）。

である場合において、その申立人の使用人その他の従業者の過半数で組織する労働組合があるときは、その労働組合の名称、かかる労働組合がないときは、その従業者の過半数を代表する者の氏名を明らかにする必要がある（同条2項）。

(2)　附属書類・添付資料

申立人は、紛争の要点に関する証拠書類があるときは、その写しを申立書に添付しなければならない（民調規3条）。また、各裁判所の運用に従い、申立人または相手方が法人である場合は、各法人の本店所在地、名称および代表者名が表示されている現在事項全部証明書または代表者事項証明書などを準備して提出することになる。

その他、特定調停に関連して特に定められている留意点としては、まず、①調停当事者間の実質的な関係を把握するため（前記2参照）、申立てと同時に（やむを得ない等の場合は遅滞なく）、ⓐ特定債務者であることを明らかにする資料として、たとえば、非事業者では、負担する債務に係る契約書等の書類や債務全体の状況を明らかにする陳述書、家計表など、また、事業者では、会計帳簿や貸借対照表などを提出し、これらと表裏する関係にある事項を主として、ⓑ関係権利者にかかる氏名・名称、住所・所在地、その有する債権や担保権にかかる発生原因や内容を記載した一覧表を提出すべきこと（特調3条3項、特調規2条2項）、そして、②調停対象の内実を吟味するために（第1章3参照）、申立人の資産、負債その他の財産の状況（たとえば、ⓐ申立人が事業を行っているときは、その事業の内容および損益、資金繰りその他の事業の状況、あるいは、ⓑ申立人が個人であるときは、職業、収入その他の生活の状況）を示すべき明細書（いわゆる財産目録）その他の資料を提出すべきことになる（特調3条3項、特調規2条1項）[7]。

6　事業再生を企図した特定調停の場合における申立書の記載事項につき、序章4(2)（注31）ほか参照のこと。なお、日弁連スキームについては、その関連の書式等が公表されている（序章・注30参照）。

7　一問一答49頁。

4　申立ての実務

(1)　手数料の納付と手続費用の予納

特定調停は調停の一種であることから、その申立てに係る手数料は、民事訴訟費用等に関する法律の定めに従う（同法３条１項、４条、別表第１・14項)。

手数料の算定の基礎となる「調停を求める事項の価額」（民訴費別表第１・14項）の算定方法には、いくつかの考えがあるが[8]、基本的には、各裁判所において、個人が特定調停手続を申し立てる場合は、原則として、相手方１人（社）につき、500円の収入印紙の貼付を必要とし、その後、債権債務額が判明し次第、追納を求める等の運用が行われている例が多いようである。もっとも、債権額が多額の場合、事業者や法人が特定調停手続を申し立てる場合は、事案の規模や性質に勘案しながら、各裁判所において、申立人その他の関係人と協議により定められているようである。なお、申立ての際に提出が必要な郵便切手は、各裁判所の運用による。

また、ある程度の事業規模を擁する債務者企業の再生債権のため特定調停の手続を活用しようとする場合、倒産再生実務（法務・会計・経営ほか）に精通した専門家が直接間接に手続に関与（参与）する必要性が考えられ、その活動資金の原資として、会社更生や民事再生の場合に準じ、予納金として相当額が確保される目途が重要視されることになる。この点、東京地方裁判所や大阪地方裁判所における従来の運用においても、同様に解されてきている[9]。

8　林隆峰編著『簡易裁判所民事調停の実務』301頁（日本加除出版、2014年)。

9　たとえば、東京地方裁判所民事第８部は、調査嘱託の調査報酬等のために、2008年（平成20年）時点において、概ね1200万円の予納金を求めたという（鹿子木65頁)。また、大阪地方裁判所第６民事部は、予納金は、調査嘱託先弁護士の費用・報酬にあてるために必要であり、調査の難易度、調査機関の長短、調整活動の要否等の予測を考慮し、通常再生事件の予納金（監督委員の報酬や公認会計士等の監督委員補助者の費用にあてられる）の目安額を上限として、事件ごとに個別に金額を定めてきたという（川畑正文ほか編『はい６民です　お答えします（倒産実務Ｑ＆Ａ）〔第２版〕』645頁（大阪弁護士協同組合、2018年))。東京地裁「新運用」における予納金に関する考え方については、序章４(3)（注34）および同引用文献参照。

⑵　申立（書）の審理と却下

特定調停の申述を含む民事調停の申立書については、先述した申立書の記載事項（当事者、法定代理人、申立ての趣旨、紛争の要点、その他）の記載が的確に網羅されていない場合（民調４条の２第２項ほか）、そして、上述した申立手数料と予納金の納付を欠く場合（民訴費３条１項等）、その申立てを受けた裁判所において、記載や予納の欠缺につき、申立人に対し、相当の期間を定めて不備を補正することを命じることになる（特調22条、民調22条、非訟43条４項）。

それでもなお、その期間内に、申立人が不備を補正しなければ、裁判所の命令により、調停申立書は却下される（非訟43条５項）。

これを却下する命令に対しては、申立人は即時抗告をすることができる（非訟43条６項。なお、その抗告状には、却下された特定調停事件の申立書を添付する必要がある。特調規９条、民調規24条、非訟規39条）。

Ⅱ　申立ての変更

●非訟44条（申立ての変更）

1　申立人は、申立ての基礎に変更がない限り、申立ての趣旨又は原因を変更することができる。

2　申立ての趣旨又は原因の変更は、非訟事件の手続の期日においてする場合を除き、書面でしなければならない。

3　裁判所は、申立ての趣旨又は原因の変更が不適法であるときは、その変更を許さない旨の裁判をしなければならない。

4　申立ての趣旨又は原因の変更により非訟事件の手続が著しく遅滞することとなるときは、裁判所は、その変更を許さない旨の裁判をすることができる。

■非訟規41条（申立ての変更の通知・法第44条）

申立人が法第44条第１項の規定により申立ての趣旨又は原因を変更した場合には、同条第３項又は第４項の規定による裁判があったときを除き、裁判所書記官は、その旨を当事者及び利害関係参加人に通知しなければならない。

解　説

1　趣　旨

申立ての変更について、特調法（および民調法）は規定を欠くため、非訟事件手続法44条が準用される（特調22条、民調22条、非訟44条）。同条は、申立人は、申立ての基礎に変更がない限り、申立ての趣旨または原因（紛争の要点）を変更することができる旨を規定する。

2　申立ての基礎に変更がないこと

「申立ての基礎に変更がない」（非訟44条1項）とは、民事訴訟における訴えの変更の要件である「請求の基礎に変更がない」（民訴143条1項）と同様に、裁判を求める事項に係る権利関係の基礎となる事実が共通し、変更後もそれまでの裁判資料の主要部分を審理に利用することができる場合をいうとされている[10]。

この点、一般的な特定調停における申立ての趣旨として規定されるのは、前記Ⅰ3(1)のとおり、「債務額を確定したうえ債務支払方法を協定したい」、「1　債務額を確定したうえ債務支払方法を協定したい。2　特定調停手続により調停を行うことを求める」等であり、特定調停の申立て後に、申立ての趣旨を変更する必要が生じることは稀かと思われる。

また、特定調停では、一般の調停とは異なり、請求に法的根拠があるか否か（請求原因事実の存在の有無）は主たる争点とならないはずで、申立ての原因（紛争の要点）についても、申立て後における変更の必要性は稀であろう。むしろ、かかる争点を含む事案は、そもそも特定調停に適しないかと思われる（特調11条参照）。

10　金子編著・逐条解説174頁。

3　申立ての変更の手続

申立ての趣旨および原因の変更は、調停期日においてする場合を除き、書面で行う必要がある(特調22条、民調22条、非訟44条2項。期日内では、口頭で可能)。

申立人が、申立ての趣旨または原因を変更した場合には、変更を許さない旨の裁判があったときを除き、裁判所書記官は、その旨を相手方および特定調停手続に参加した関係権利者（特調9条）に通知しなければならない（特調規9条、民調規24条、非訟規41条）。

Ⅲ　申立ての取下げ

●民調19条の2（調停の申立ての取下げ）

調停の申立ては、調停事件が終了するまで、その全部又は一部を取り下げることができる。ただし、第17条の決定がされた後にあっては、相手方の同意を得なければ、その効力を生じない。

■民調規22条（当事者に対する通知）

1　法第13条若しくは第14条（これらの規定を法第15条において準用する場合を含む。）の規定により事件が終了したとき、又は法第18条第4項の規定により決定が効力を失ったときは、裁判所書記官は、当事者に対し、遅滞なく、その旨を通知しなければならない。

2　調停の申立ての取下げがあったときは、裁判所書記官は、その旨を相手方に通知しなければならない。

3　法第17条の決定がされた後に調停の申立ての取下げがあった場合において、相手方が申立ての取下げに同意したときは、裁判所書記官は、その旨を申立人に通知しなければならない。

参考条文：非訟63条（非訟事件の申立ての取下げ）、64条（非訟事件の申立ての取下げの擬制）、非訟規49条（申立ての取下げがあった場合の取扱い等・法第63条等）

解　説

1　趣　旨

申立ての取下げについて、特調法は規定を欠くため、民調法19条の２が適用される（特調22条、民調19条の２、22条。なお、非訟63条等）。

同条は、特定調停の申立てをした者は、調停事件が終了するまで、申立てを取り下げることができるとの原則を確認するとともに（民調19条の２前段）、民調法17条の決定がされた後は、相手方の同意がなければ、取下げの効力が生じない旨を定めるものである（民調19条の２後段）。

2　取下げの方式と要件

特定調停の申立ての取下げは、原則として書面によって行わなければならないが、調停期日においては、口頭ですることもできる（特調22条、民調22条、非訟63条２項、民訴261条３項）。口頭での取下げについては、期日調書に記載しなければならない（特調規９条、民調規12条１号）。

特定調停の申立ての取下げがあった場合は、裁判所書記官は、その旨を相手方に通知しなければならない（特調規９条、民調規22条２項）。

また、民調法17条の決定がされた後は、調停の申立ての取下げが制限される。かかる取下げがあった場合において、相手方が申立ての取下げに同意したときは、裁判所書記官は、その旨を申立人に通知しなければならない（特調規９条、民調規22条３項）。

3　取下げの擬制

特調法（および民調法）は、申立ての取下げの擬制についての規定を欠くが、非訟法64条が準用される（特調22条、民調22条、非訟64条）。すなわち、各法条によれば、特定調停の申立てをしておきながら調停期日に出頭しないなど、調停手続の追行に不熱心な申立人のために事件が長期間終了しないことを避けるべく、申立人が、連続して２回、呼出しを受けた特定調停事件の手続の期日に出頭せず、または呼出しを受けた調停事件の手続の期日において陳述をしないで退席をしたときは、裁判所は、申立ての取下げがあったものとみなすことができる。

調停申立ての取下げがあったものとみなすか否かについては、調停委員会の裁量に委ねられる[11]。申立人が連続して出頭しなかった場合でも、それが正当な理由によるもので、調停による紛争解決に不熱心と認められないときは、調停委員会としては、手続を続行することができる。

特定調停の申立ての取下げの擬制があった場合は、裁判所書記官は、その旨を相手方および特定調停手続に参加した関係権利者（特調９条）に通知しなければならない（特調規９条、民調規22条２項、非訟規49条４項・１項）。

第２節　事件の管轄・移送と自庁処理

Ⅰ　土地管轄と事物管轄

●民調３条（管轄）

１　調停事件は、特別の定めがある場合を除いて、相手方の住所、居所、営業所若しくは事務所の所在地を管轄する簡易裁判所又は当事者が合意で定める地方裁判所若しくは簡易裁判所の管轄とする。

２　調停事件は、日本国内に相手方（法人その他の社団又は財団を除く。）の住所及び居所がないとき、又は住所及び居所が知れないときは、その最後の住所地を管轄する簡易裁判所の管轄に属する。

３　調停事件は、相手方が法人その他の社団又は財団（外国の社団又は財団を除く。）である場合において、日本国内にその事務所若しくは営業所がないとき、又はその事務所若しくは営業所の所在地が知れないときは、代表者その他の主たる業務担当者の住所地を管轄する簡易裁判所の管轄に属する。

４　調停事件は、相手方が外国の社団又は財団である場合において、日本国内にその事務所又は営業所がないときは、日本における代表者その他の主たる業務担当者の住所地を管轄する簡易裁判所の管轄に属する。

11　三好116頁。

●**非訟６条（優先管轄等）**

この法律の他の規定又は他の法令の規定により２以上の裁判所が管轄権を有するときは、非訟事件は、先に申立てを受け、又は職権で手続を開始した裁判所が管轄する。ただし、（略）

●**非訟７条（管轄裁判所の指定）**

1　管轄裁判所が法律上又は事実上裁判権を行うことができないときは、その裁判所の直近上級の裁判所は、申立てにより又は職権で、管轄裁判所を定める。
2　裁判所の管轄区域が明確でないため管轄裁判所が定まらないときは、関係のある裁判所に共通する直近上級の裁判所は、申立てにより又は職権で、管轄裁判所を定める。
3　前２項の規定により管轄裁判所を定める裁判に対しては、不服を申し立てることができない。
4　第１項又は第２項の申立てを却下する裁判に対しては、即時抗告をすることができる。

●**非訟８条（管轄裁判所の特例）**

この法律の他の規定又は他の法令の規定により非訟事件の管轄が定まらないときは、その非訟事件は、裁判を求める事項に係る財産の所在地又は最高裁判所規則で定める地を管轄する裁判所の管轄に属する。

■**非訟規５条（移送における取扱い・法第６条等）**

1　裁判所は、法第６条ただし書又は法第10条第１項において準用する民事訴訟法（平成８年法律第109号）第18条の申立てがあったときは、当事者及び利害関係参加人の意見を聴いて裁判をするものとする。
2　裁判所は、職権により法第６条ただし書又は法第10条第１項において準用する民事訴訟法第18条の規定による移送の裁判をするときは、当事者及び利害関係参加人の意見を聴くことができる。

■**非訟規６条（法第８条の最高裁判所規則で定める地の指定）**

法第８条の最高裁判所規則で定める地は、東京都千代田区とする。

参考条文：民訴11条（管轄の合意）、12条（応訴管轄）

解　説

1　管轄に関する原則

特調法は、管轄に関する規定を欠くため、民調法の定めによるところとなる（特調22条）。

この点、民調法３条は、調停申立事件の管轄につき、相手方の住所等の所在地を管轄する簡易裁判所、または、当事者が合意で定める地方裁判所もしくは簡易裁判所とする旨、規定する。

破産や民事再生の事件においては、申立人の住所地や主たる営業所の所在地を管轄する裁判所に原則的な管轄を認めることとされているのに対し（破５条１項、民再５条１項参照）、調停事件においては、期日への本人の出頭が原則とされていることとの関係上、債務者住所地での調停を原則化すると、相手方に過重な負担となる可能性がある。しかるに、特定調停の対象事案においては、特定債務者をめぐる各関係権利者との利害につき、できるだけ一括して一律に協議を進めるべき要請があり（特調６条参照）、その点では一般の民事調停よりも破産や民事再生の事案に類するところがある。そこで、民事調停における管轄の原則は維持しつつも、申立人の住所地を管轄する裁判所において事件を処理するほうが望ましい事情がある場合などには、移送や自庁処理など、柔軟な運用によって対応することが想定される（特調４条ほか参照）[12]。

なお、調停事件の管轄は、その申立てがあった時を標準として定められる（特調22条、民調22条、非訟９条）。相手方の住所地等を管轄する裁判所に調停を申し立てた後に、相手方が転居してその裁判所の所在地に管轄がなくなった場合においても、その裁判所で引き続き特定調停手続を行うことができる[13]。

12　一問一答54頁。
13　三好37頁。

2　日本国内に相手方の住所や事業所がない等の場合

相手方が個人（自然人）である場合において、日本国内にその住所および居所がないとき、または住所および居所が知れないときは、調停事件は、その最後の住所地を管轄する簡易裁判所の管轄に属する（特調22条、民調３条２項）。

相手方が法人その他の社団または財団（外国の社団または財団を除く）である場合において、日本国内にその事務所もしくは営業所がないとき、またはその事務所もしくは営業所の所在地が知れないときは、調停事件は、代表者その他の主たる業務担当者の住所地を管轄する簡易裁判所の管轄に属する（特調22条、民調３条３項）。

相手方が外国の社団または財団である場合において、日本国内にその事務所または営業所がないときは、調停事件は、日本における代表者その他の主たる業務担当者の住所地を管轄する簡易裁判所の管轄に属する（特調22条、民調３条４項）。

3　管轄権と裁判権をめぐる特殊な場合

管轄の諸規定により２以上の裁判所が管轄権を有するときは、特定調停事件は、先に申立てを受けた裁判所が管轄する（特調22条、民調22条、非訟６条本文）。

裁判所の管轄区域が明確でないため管轄裁判所が定まらないときは、関係のある裁判所に共通する直近上級の裁判所が、申立てによりまたは職権で、管轄裁判所を定める（特調22条、民調22条、非訟７条２項）。

管轄裁判所が法律上または事実上裁判権を行うことができないときは、その裁判所の直近上級の裁判所は、申立てによりまたは職権で、管轄裁判所を定める（特調22条、民調22条、非訟７条１項）。ここに、「法律上裁判権を行うことができない」とは、たとえば、裁判官の除斥、忌避もしくは回避等の事由による場合を、また、「事実上裁判権を行うことができない」とは、たとえば、裁判官の病欠等の事由による場合をいう[14]。

4　特定調停をめぐる実際の運用

東京地方裁判所（民事第８部）においては、従前より、同部において担当するにふさわしい事件であれば、特定調停の申立てに際して管轄合意書が提出されていなくても、申立てを受理する扱いであり、調停期日を指定して相手方を呼び出して相手方が異議なく調停期日に出頭してこれに応じれば、黙示の合意があったものとして調停が進められてきた由であり、引き続き新運用のもとにおいても、同様に扱われる由である。[15]

Ⅱ　事件の移送と自庁処理

●特調４条（移送等）

裁判所は、民事調停法第４条第１項ただし書の規定にかかわらず、その管轄に属しない特定調停に係る事件について申立てを受けた場合において、事件を処理するために適当であると認めるときは、職権で、土地管轄の規定にかかわらず、事件を他の管轄裁判所に移送し、又は自ら処理することができる。

●特調５条

削除[16]

●民調４条（移送等）

1　裁判所は、調停事件の全部又は一部がその管轄に属しないと認めるとき（次項本文に規定するときを除く。）は、申立てにより又は職権で、これを管轄権のある地方裁判所又は簡易裁判所に移送しなければならない。ただし、事件を処理するために特に必要があると認めるときは、職権で、土地管轄の規定にかかわらず、事件の全部又は一部を他の管轄裁判所に移送し、又は自ら処理することができる。

14　金子編著・逐条解説21頁。

15　鹿子木66頁のほか、江原ほか・NBL35頁（本文５(2)）、江原ほか・金法24頁（本文５(2)）参照。

16　削除前の条文は、「簡易裁判所は、特定調停に係る事件がその管轄に属する場合においても、事件を処理するために相当であると認めるときは、申立てにより又は職権で、事件をその所在地を管轄する地方裁判所に移送することができる」である。

2　裁判所は、調停事件の全部又は一部がその管轄に属しないと認める場合であって、その事件が家事事件手続法（平成23年法律第52号）第244条の規定により家庭裁判所が調停を行うことができる事件であるときは、職権で、これを管轄権のある家庭裁判所に移送しなければならない。ただし、事件を処理するために特に必要があると認めるときは、土地管轄の規定にかかわらず、事件の全部又は一部を他の家庭裁判所に移送することができる。
3　裁判所は、調停事件がその管轄に属する場合においても、事件を処理するために適当であると認めるときは、職権で、土地管轄の規定にかかわらず、事件の全部又は一部を他の管轄裁判所に移送することができる。

■民調規2条（移送等における取扱い）

裁判所は、法第4条第1項ただし書、第2項ただし書又は第3項の規定による裁判をするときは、当事者の意見を聴くことができる。

参考条文：非訟10条（移送等に関する民事訴訟法の準用等）、非訟規7条（移送に関する民事訴訟規則の準用・法第10条）。

解　説

1　管轄違いによる移送

民調法の原則によれば、裁判所は、調停事件の全部または一部がその管轄に属しないと認めるときは、申立てによりまたは職権で、これを管轄権のある地方裁判所または簡易裁判所に移送しなければならない（民調4条1項本文）。これに対し、特定調停については、その管轄に属しない事件の申立てを受けた場合において、事件を処理するために適当であると認めるときは、職権で、事件を他の管轄裁判所に移送（または自ら処理）することができるとされている（特調4条）。

特定調停事件の管轄裁判所も、原則、相手方の住所地等の所在地を管轄する簡易裁判所であるが（特調22条、民調3条）、同一の申立人に係る複数の事件の調停手続はできる限り併合して行われるべきであり（特調6条参照）、土地管轄の規定に拘束されることなく、事案に応じて最も適切な裁判所において事件を扱うことが望ましい。そこで、土地管轄のない裁判所（ただし、事物管轄は必要である）への移送（または自庁処理）を行うことのできる要件につき、「事件を処理するために特に必要があると認めるとき」（民調４条１項ただし書）から、相応の緩和が図られたものである。

ここに、「事件を処理するために適当であると認められるとき」（特調４条）とは、すでに申し立てられている同一の申立人に係る他の事件と併合処理する必要、当事者・参加人の出頭の便宜などに勘案し、特定調停事件の申立てを受けた裁判所において、土地管轄の規定にかかわらず、他の裁判所または自庁において事件を処理することが適当と判断される場合を指す[17]。

2　管轄裁判所による移送

裁判所は、申立てを受けた特定調停事件がその管轄に属する場合においても、事件を処理するために適当であると認めるときは、職権で、土地管轄の規定にかかわらず、事件の全部または一部を他の管轄裁判所に移送することができる（特調22条、民調４条３項）。この場合、裁判所は、当事者の意見を聴くことができる（特調規９条、民調規２条）。

また、簡易裁判所は、特定調停事件がその管轄に属する場合においても、相当と認めるときは、申立てによりまたは職権で、特定調停事件の全部または一部をその所在地を管轄する地方裁判所に移送することができる（特調22条、民調22条、非訟10条１項、民訴18条）。申立てにより移送をする場合は、当事者および参加した関係参加人の意見を聴く必要があり、職権により移送をする場合は、その意見を聴くことができる（特調規９条、民調規24条、非訟規５条１項・２項）。

3　移送の申立てと裁判

移送の申立ては、期日においてする場合を除き、書面でしなければならず、

17　一問一答52頁以下。なお、「事件を処理するために特に必要」な場合は、当然に包含されることになる。たとえば、本来の管轄に従うと当事者（の一方）に著しい経済的負担が生ずる、当事者（の一方）の傷病により管轄裁判所への出頭が難しい、関係人の住所や係争物の所在地に照らし管轄裁判所での事件処理に過大な時間と費用を要する、などである。

その書面には、申立ての理由を記載する必要がある（特調規9条、民調規24条、非訟規7条、民訴規7条）。

移送の裁判が確定したときは、移送の裁判をした裁判所の裁判所書記官は、移送を受けた裁判所の裁判所書記官に対し、記録を送付しなければならない（特調規9条、民調規24条、非訟規7条、民訴規9条）。

移送の決定または移送の申立てを却下した決定に対しては、即時抗告をすることができる（特調22条、民調22条、非訟10条1項、民訴21条）。

4　自庁処理

裁判所は、その管轄に属しない特定調停事件の申立てを受けた場合において、「事件を処理するために適当」と認めるときは、移送をせず（前記1参照）、自ら処理することもできる（特調4条）。

また、地方裁判所は、特定調停事件がその管轄区域内の簡易裁判所の管轄に属する場合においても、相当と認めるときは、申立てによりまたは職権で、特定調停事件の全部または一部について自ら審理をすることができる（特調22条、民調22条、非訟10条1項、民訴16条2項）。

自庁処理するか否かは裁判所の裁量に委ねられるところ、自庁処理するにあたり、自庁での「決定」を要するか否かについては見解の対立があるが、仮に自庁処理の決定を経た場合においても、これに対し、即時抗告をすることはできない。

第3節　手続費用

●民調20条の2（調停が成立した場合の費用負担）

1　調停が成立した場合において、調停手続の費用の負担について特別の定めをしなかったときは、その費用は、各自が負担する。

2　前条第1項（同条第4項において準用する場合を含む。）及び第24条の2第2項の規定により調停に付された訴訟事件又は非訟事件について調停が成立した場合において、訴訟費用及び非訟事件の手続の費用の負担について特別の定めをしなかったときは、その費用は、各自が負担する。

●非訟26条（手続費用の負担）
1　非訟事件の手続の費用（以下「手続費用」という。）は、特別の定めがある場合を除き、各自の負担とする。
2　裁判所は、事情により、この法律の他の規定（次項を除く。）又は他の法令の規定によれば当事者、利害関係参加人その他の関係人がそれぞれ負担すべき手続費用の全部又は一部を、その負担すべき者以外の者であって次に掲げるものに負担させることができる。
一　当事者又は利害関係参加人
二　前号に掲げる者以外の裁判を受ける者となるべき者
三　前号に掲げる者に準ずる者であって、その裁判により直接に利益を受けるもの
3　前２項又は他の法令の規定によれば法務大臣又は検察官が負担すべき手続費用は、国庫の負担とする。

参考条文：非訟27条（手続費用の立替え）、28条（手続費用に関する民事訴訟法の準用等）、非訟規17条（手続費用に関する民事訴訟規則の準用・法第28条）、非訟29条（手続上の救助）、非訟規18条（手続上の救助の申立ての方式等・法第29条）

解　説

１　概　要

特定調停における手続費用の負担については、特調法に個別の規定はなく、民調法の定めるところによる（特調22条）。この点、民調法20条の２は、調停が成立した場合の調停手続費用の負担について規定しているが、調停成立以外の場合については、特調法、民調法ともに特別な規定はなく、非訟法が準用される。ゆえに、原則として非訟法26条が適用され、調停成立の場合には、「特別な定め」として、民調法20条の２が適用されることとなる。

2　手続費用に関する法令

民事調停（を含む非訟）事件に係る手続費用そのものについては、「民事訴訟費用等に関する法律」により規律される。裁判所に納める申立ての手数料についていえば、「調停を求める事項の価額」を算定不能と解すれば、相手方（関係権利者）１人につき一律6500円ということになる（同法４条ほか参照）。特定調停手続を事業再生に利用しようとする場合、かかる申立て手数料とは別途、裁判所が定める手続予納金の額（その負担に申立人が耐えうるか）が課題となるであろう[18]。

3　費用負担に関する規定

非訟法においては、簡易迅速な処理の要請から手続費用の償還の問題が生じないようにするため、また、申立人は必ずしも自らの利益のために申立てをしているとは限らないことを考慮し、公平の観点から、各自負担の原則をとる（非訟26条１項）。

また、本来、手続費用を負担すべきとされていない者であって裁判所の裁量によりその手続費用の全部または一部を負担させることができる者の範囲を、当事者、利害関係参加人、裁判を受ける者となるべき者、裁判により直接に利益を受ける者に限定している（非訟26条２項）。ここにいう「裁判により直接に利益を受ける者」の「利益」とは、経済的利益というよりは、それによって裨益するという趣旨であり、たとえば清算人の選任の事件における会社（清算人の選任は会社のための清算人を選任する手続であるという考え方による）等がこれにあたる[19]。

なお、調停が成立した場合には、調停条項において調停手続の費用の負担

18　具体的には、調査嘱託（民調規16条）に係る経費である。この点、東京地方裁判所における新運用においては、全額一律とせず、柔軟に運用される由である（序章・注34およびその引用文献を参照）。

19　なお、非訟法は、法務大臣または検察官が非訟事件の手続の当事者となったことにより負担すべきこととなった手続費用について国庫の負担を定めるが（非訟26条３項）、法務大臣または検察官が公益の代表者として特定調停手続を追行することはないであろう。

額および負担方法について特別の定めをすることができ、その定めをしたときは、調停費用の負担はその定めに従うこととなる。調停条項において調停手続の費用の負担額および負担方法について特別の定めをしなかったときは、各自の支出した調停費用は、各自が負担する（民調20条の２第１項）[20]。

第４節　手続の併合・受継

Ⅰ　手続の併合

●特調６条（併合）

同一の申立人に係る複数の特定調停に係る事件が同一の裁判所に各別に係属するときは、これらの事件に係る調停手続は、できる限り、併合して行わなければならない。

●非訟35条（手続の併合等）

1　裁判所は、非訟事件の手続を併合し、又は分離することができる。

2　裁判所は、前項の規定による裁判を取り消すことができる。

3　裁判所は、当事者を異にする非訟事件について手続の併合を命じた場合において、その前に尋問をした証人について、尋問の機会がなかった当事者が尋問の申出をしたときは、その尋問をしなければならない。

●民訴136条（請求の併合）

数個の請求は、同種の訴訟手続による場合に限り、一の訴えですることができる。

●民訴152条１項（口頭弁論の併合等）

裁判所は、口頭弁論の制限、分離若しくは併合を命じ、又はその命令を取り消すことができる。

20　なお、民調法20条の２第２項は、訴訟事件（または非訟事件）が調停に付された場合につき規定しているが、特定調停手続への適用はない（特調３条２項参照）。

参考条文：民調規37条（代表当事者の選任等）

解　説

1　概　要

複数の債権者から債務を負担する債務者が特定調停の申立てを行う場合、すべての債権者を相手方として申立てをすることは要求されておらず（特調3条参照）、申立人において、複数の債権者のうちの一部の者だけを相手として特定調停を申し立てることや、債権者を異にする複数の申立てを行うことが可能である。

そうではあるが、そうした複数の申立てが同一の裁判所に各別に係属する場合については、できる限り併合して行われるべきものとされている（特調6条）。

2　併合を可及的要請とする特定調停

特調法の本則にあたる民調法には、手続の併合に関する定めはない。民調規37条は、多数当事者による調停手続が認められることを前提した規定であり、民調法が準用する非訟法には手続の併合に関する定めがあるが、あくまで「併合」は任意的であり（非訟35条）、総じて調停手続の基本は柔軟である。

他方、特定調停は、「債務者等の経済的再生に資するため」に「金銭債務に係る利害関係の調整を促進することを目的」とし（特調1条）、申立人（「特定債務者」（特調2条1項））は、通例、複数の相手方（「関係権利者」（同条2項・4項））との利害調整を要することになるかと思われ、その際、「特定債務者の経済的再生に資するとの観点から、公正かつ妥当で経済的合理性を有する内容」による合意をめざしつつ（特調15条、17条2項、18条1項）、利害の調整に臨む関係者は、できるだけ一括して一律に協議を進めることが公正、平等、かつ効率的であり、債務者対個々の債権者という一対一の応接ではなく、集団的ないし集約的な協議と合意が望ましい。各債権者と債務者間および各債権者間において、債務者の申立てに至った経緯や事業内容、弁済能力等の事実関係につき認識を共通化し、かつ、債務者の金銭債務や債務者の財産状況の全体像が適切に把握されなければ、債務者の経済的再生に資する合意をめざすことは困難だからである。

特定調停手続における「併合」につき、民調法や非訟法にはない規律が設けられた趣旨である。

3　併合の要件

特定調停に特有な「併合」の要件は、同一の申立人に係る複数の特定調停に係る事件が同一の裁判所に各別に係属していることである（特調６条）。したがって、債務者が、申立て前における各債権者との協議状況の違いなどから、所在地の異なる各債権者に対して、異なる裁判所に特定調停の申立てを行った場合には、複数の特定調停に係る事件が「同一の裁判所に各別に係属」していないこととなり、併合の要件を満たさないことになる。

ただし、そのような場合であっても、「事件を処理するために適当であると認め」られるときには、裁判所は事件を移送することができ（特調４条）、これにより同一の裁判所に係属することになった場合には、手続を併合しうることになる。

なお、特定調停の申立手続において、申立人である債務者は、申立てと同時に、債務者に財産上の請求権を有する者および債務者の財産上に担保権を有する者（特調２条４項の「関係権利者」）の一覧表を提出しなければならないとされており（特調３条３項）、これにより、裁判所（調停委員会）は同一の申立人に係る債権者が何人いるか、特定調停が複数係属する可能性があるか否かを把握することができる。

4　併合の例外

特調法の規律は、所定の要件を満たす場合には「できる限り」手続を併合せよ、とするものであり、必ず併合しなければならないものではない。

たとえ、複数の特定調停手続が同一の裁判所に係属していたとしても、手続を併合することが適当とはいえない場合は併合を行う必要はないし、再生・再建の手続であるとはいっても、併合の要否に柔軟さを残しておくのが調停手続のよさともいえる。

申立て前における各債権者との協議状況の違いなどから、申立人が債権者を別にする特定調停手続を異なる裁判所に申し立てたものの、その後の移送によってそれらの手続が同一の裁判所に係属することになった場合など、各特定調停事件の進行の程度に大きな差異が生じているかもしれず、進行の早かった事件の解決がかえって遅くなってしまうといった弊害が生じかねないとすれば、各事件の進行度合などに照らして、あえて手続を併合しないという判断もありうるところである。

また、特調法に明文の定めはないが（ただし、非訟法には手続の分離ができる旨の定めがあり（特調22条、民調22条、非訟35条1項））、併合されている複数の特定調停手続について、手続を分離することも可能と解されている[21]。

Ⅱ　手続の受継

●非訟36条（法令により手続を続行すべき者による受継）

1　当事者が死亡、資格の喪失その他の事由によって非訟事件の手続を続行することができない場合には、法令により手続を続行する資格のある者は、その手続を受け継がなければならない。

2　法令により手続を続行する資格のある者が前項の規定による受継の申立てをした場合において、その申立てを却下する裁判がされたときは、当該裁判に対し、即時抗告をすることができる。

3　第1項の場合には、裁判所は、他の当事者の申立てにより又は職権で、法令により手続を続行する資格のある者に非訟事件の手続を受け継がせることができる。

■非訟規33条（受継の申立ての方式等・法第36条等）

1　法第36条第1項又は第3項の規定による受継の申立ては、書面でしなければならない。

21　一問一答60頁。

2　前項の書面には、非訟事件の手続を受け継ぐ者が法令により手続を続行する資格のある者であることを明らかにする資料を添付しなければならない。
3　法第36条第１項又は第３項の規定による受継があったときは、裁判所書記官は、その旨を当事者及び利害関係参加人に通知しなければならない。
4　前３項の規定は、法第37条第１項の規定による受継について準用する。この場合において、第２項中「法令により手続を続行する資格のある」とあるのは、「当該非訟事件の申立てをすることができる」と読み替えるものとする。

■非訟規34条（非訟事件の申立人の死亡等の届出・法第37条）

非訟事件の申立人に死亡、資格の喪失その他の非訟事件の手続を続行することができない事由が生じた場合において、法令により手続を続行する資格のある者がないときは、当該申立人又はその手続代理人は、その事由が生じた旨を裁判所に書面で届け出なければならない。

参考条文：民訴124条（訴訟手続の中断及び受継）

解　説

1　受継の事由

特定調停手続において、当事者が死亡する等し、その者が調停手続で活動できなくなった場合には、誰かが引き継がない限り、事実上手続を進めることはできない。ところが、特調法および民調法には当事者の死亡等による手続の受継に関する規定はない。この点、民調法が準用する非訟法によれば、法令により手続を続行する資格のある者が、受け継がなければならないとされている（特調22条、民調22条、非訟36条）。

すなわち、当事者の死亡等による手続の受継について、訴訟手続については、当事者の死亡、当事者である法人の合併による消滅、当事者の訴訟能力の喪失など、受継の前提となる中断事由が限定的に列挙されているところ（民訴124条１項）、非訟法は、これを限定列挙するのではなく、「資格の喪失その他の事由によって非訟事件の手続を続行することができない場合」に手続の受継が必要になる旨を定めている。ここに「手続を続行することができない場合」とは、死亡などにより当事者が手続を続行する能力を失った場合や、当事者（たとえば、信託の受託者）が手続を続行する資格を失った場合（たとえば、信託の任務を終了した場合）のように、当事者が手続行為をすることができなくなる場合をいう[22]。

なお、当事者の死亡など受継の事由が発生しても、訴訟手続とは異なり、非訟手続は中断しない（非訟36条には民訴124条1項前段にあたる定めがない）。これは、手続保障の観点から当事者の関与なしに手続を進行させることは許されない訴訟手続と、簡易迅速な処理の要請が働く手続であるうえに当事者が関与せずとも進めることができる手続もある（たとえば、裁判所の職権による当事者ではない関係者からの事情の聴取（非訟49条1項）など）非訟事件との違いによるものである。

また、訴訟代理人がある場合には中断しないとする訴訟手続とは異なり、手続代理人がいても法令により手続を続行する資格のある者が受継する必要がある（非訟36条1項）。

2　受継の義務と申立権

受継の事由が発生した場合、「法令により手続を続行する資格のある者」が受継をしなければならない。手続を続行することができない事由（受継の事由）が発生したことでその時点で手続を終了させるのではなく、しかるべき者がそれまでの手続を受け継いで手続を続行するほうが経済的であり、紛争の効率的な解決に資するからである。

訴訟手続と異なり、受継すべき者について具体的に明記されてはいないが（民訴124条1項参照）、「法令により手続を続行する資格のある者」は、各別の事件類型における当事者の地位を基礎づける法的地位の性質ごとに当然に定まるものと解されている。たとえば、当事者が死亡した場合には相続人や相続財産管理人など法令により手続を続行すべき者、法人が合併により消滅した場合には合併後に新設されたあるいは存続する法人、当事者が破産手続開始決定を受けた場合は破産管財人が受継すべき者にあたる。しかしそれは、

22　金子編著・逐条解説144頁。

事件の類型によって定まるものであり、当該事件の具体的な事情によってその資格のあるものがなくなるということは想定されていない[23]。

なお、当事者について受継の事由が発生したが、受継すべき者がいないときには、当該当事者またはその手続代理人は、受継の事由の発生を裁判所に書面で届け出なければならない（非訟規34条[24]）。

3　受継の手続

法令により手続を続行する資格のある者による受継の申立ては、その資格があることを明らかにする書面を添付して書面により行う（非訟規33条1項・2項）。

受継の申立てがなされたときは、裁判所書記官は当事者および利害関係参加人（第4章第2節参照）に通知する（非訟規33条3項）。

裁判所は、受継すべき者からの受継の申立てに対して、受継の決定を行う。受継の申立てが却下された場合は、申立てをした者は即時抗告をすることができる（非訟36条2項）。

4　職権による受継

受継の事由が発生した場合、法令により手続を続行する資格のある者には受継の義務があるが（非訟36条1項）、受継すべき者が受継の申立てを行わないこともありうる。その場合には、裁判所が職権で受継すべき者に受継させることができる（同条3項）。

また、受継の事由が発生していない他の当事者が受継すべき者による受継がなされるべき旨を申立てることもできる（非訟36条3項）。なお、この申立てが却下された場合、それに対して即時抗告することはできない（同項の申立てに関しては即時抗告の定めがない）。

23　金子編著・逐条解説145頁、149頁。

24　ただし、調停事件において申立人が死亡等した場合、他の申立権者というものは、想定しがたいであろう（非訟37条参照）。とりわけ、特定調停の申立ては、特定債務者の該当者に限定される（特調2条3項ほか参照）。

第５節　手続前の措置等

●特調７条（民事執行手続の停止）

1　特定調停に係る事件の係属する裁判所は、事件を特定調停によって解決することが相当であると認める場合において、特定調停の成立を不能にし若しくは著しく困難にするおそれがあるとき、又は特定調停の円滑な進行を妨げるおそれがあるときは、申立てにより、特定調停が終了するまでの間、担保を立てさせて、又は立てさせないで、特定調停の目的となった権利に関する民事執行の手続の停止を命ずることができる。ただし、給料、賃金、賞与、退職手当及び退職年金並びにこれらの性質を有する給与に係る債権に基づく民事執行の手続については、この限りでない。

2　前項の裁判所は、同項の規定により民事執行の手続の停止を命じた場合において、必要があると認めるときは、申立てにより、担保を立てさせて、又は立てさせないで、その続行を命ずることができる。

3　前２項の申立てをするには、その理由を疎明しなければならない。

4　第１項及び第２項の規定による決定に対しては、即時抗告をすることができる。

5　民事訴訟法（平成８年法律第109号）第76条、第77条、第79条及び第80条の規定は、第１項及び第２項の担保について準用する。

●民調12条（調停前の措置）

1　調停委員会は、調停のために特に必要があると認めるときは、当事者の申立てにより、調停前の措置として、相手方その他の事件の関係人に対して、現状の変更又は物の処分の禁止その他調停の内容たる事項の実現を不能にし又は著しく困難ならしめる行為の排除を命ずることができる。

2　前項の措置は、執行力を有しない。

■特調規３条（民事執行手続の停止・法第７条）

1　法第７条（民事執行手続の停止）第１項の申立ては、次に掲げる事項を明らかにし、かつ、その証拠書類を提出してしなければならない。

一　当該民事執行の手続の基礎となっている債権又は担保権の内容

二　前号の担保権によって担保される債権の内容
三　当該民事執行の手続の進行状況
四　特定債務等の調整に関する関係権利者の意向
五　調停が成立する見込み
2　特定調停に係る事件の係属する裁判所は、前項の申立てがあった場合において、必要があると認めるときは、当該民事執行の申立てをしている関係権利者を審尋することができる。

■民調規５条（民事執行の手続の停止）

1　調停事件の係属する裁判所は、紛争の実情により事件を調停によって解決することが相当である場合において、調停の成立を不能にし又は著しく困難にするおそれがあるときは、申立てにより、担保を立てさせて、調停が終了するまで調停の目的となった権利に関する民事執行の手続を停止することを命ずることができる。ただし、裁判及び調書その他裁判所において作成する書面の記載に基づく民事執行の手続については、この限りでない。
2　調停の係属する裁判所は、民事執行の手続を停止することを命じた場合において、必要があるときは、申立てにより、担保を立てさせ又は立てさせないで、これを続行することを命ずることができる。
3　前２項の申立てをするには、その理由を疎明しなければならない。
4　民事訴訟法（平成８年法律第109号）第76条、第77条、第79条及び第80条の規定は、第１項及び第２項の担保について準用する。
5　第１項及び第２項の規定による決定に対しては、当事者は、即時抗告をすることができる。

■民調規６条（調停前の措置をする場合の制裁の告知）

調停委員会は、法第12条第１項の措置をする場合には、同時にその違反に対する法律上の制裁を告知しなければならない。

参考条文：民調20条の３（訴訟手続等の中止）

解　説

1　概　要

調停手続において、調停のために特に必要があるときは、調停委員会は、調停前の措置として、相手方である債権者やその他の関係人に対して、現状変更の禁止、物の処分の禁止等を命じることができる（民調12条）。

また、特定調停事件の係属中において、特定調停の円滑な進行を妨げるおそれがあるときなどには、裁判所は、特定調停が終了するまでの間、担保を立てさせて、または立てさせないで、特定調停の目的となった権利に関する民事執行手続の停止を命ずることができる（特調７条）。民事執行手続の停止は民事調停手続において一般的に認められているが（民調規５条）、特定調停手続では執行停止が認められる場合を拡張している。

2　調停前の措置

⑴　概　要

再生型の手続においては、手続の申立てがあれば、債権者らに債務者の経済的窮状が知られることとなるから、手続の開始前であっても、平時とは異なり、必要に応じて債権者による個別的な権利行使を制限しなければ、手続による債務者の経済的再生を図ることは困難である。そのため、たとえば民事再生や会社更生では、申立て後は、手続開始前であっても、強制執行手続等を一般的に中止する制度（民再26条１項、会更24条１項）や、債権者による権利行使等を一般的に禁止する制度（民再27条１項、会更25条１項）が用意されている。

この点、特調法には申立てから調停開始までの間に債権者の個別的な権利行使を禁止・中止する定めは用意されていないが、民調法12条により、特定調停手続においても、調停委員会は、当事者の申立てにより、調停前の措置として、現状の変更や物の処分の禁止その他特定調停の成立を不能または著しく困難ならしめる行為の排除を命ずることができる。

⑵　要　件

調停前の措置は、「当事者の申立てがあった場合に」、調停委員会が「調停のために特に必要があると認めるとき」に、相手方その他の事件の関係者に対して、調停の内容たる事項の実現を不能または著しく困難ならしめる行為の排除を命ずるものである。

したがって、まず、当事者の申立てが必要である。

そして、当事者が申し立てた行為の排除が、調停のために「特に必要がある」と調停委員会に認められることが必要であり、当事者の申立てがあっても特に必要があると認められないときは、調停委員会は調停前の措置として命じないことができる[25]。

⑶　措置の具体的内容

調停前の措置として命じることができるのは、現状の変更または物の処分の禁止その他調停の内容たる事項の実現を不能にしまたは著しく困難ならしめる「行為の排除」である。すなわち、行為を止めること、行われた行為の結果を原状に復すること、将来に向かって行為をしないこと、たとえば、債権者に対して、債務者振り出しの手形の取立て、裏書譲渡等の処分をしてはならないと命じたり、債務者に財産の処分をしてはならないと命じたりすることができる。

また、「行為の排除」だけに限らず、紛争解決のための基盤を保全し調停の成立を容易にするために必要な措置として、たとえば、財産を適切な保管人に保管させる措置や一定額の金銭の供託を命ずる措置なども命ずることができるとされている[26]。

⑷　違反に対する制裁等

命じられた調停前の措置の違反に対しては、過料の制裁がある（民調35条）。そして、調停委員会は、調停前の措置をする場合には同時にその違反に対する制裁を告知しなければならない（民調規６条）。ただし、この告知をしなかった場合でも、過料の裁判の効力には影響がないとされている[27]。

なお、調停前の措置は裁判ではなく、調停の進行に関するいわば行政的な処分であり、当該措置に対する不服申立ての手続はない。この点は、調停前の措置に執行力がないことと対応していると考えられている（民調12条２項）[28]。

25　小山258頁。
26　小山259頁。
27　小山260頁。
28　小山260頁。

3　調停手続中の民事執行手続の停止

⑴　概　要

特定調停が係属している間に債権者による民事執行手続が進行し、債務者の経済的再生に不可欠な財産が処分されるなどすれば、特定調停の成立はおよそ期待できない。この点は、民事調停一般についてもいえることであり、民事調停手続では、調停の成立を不能または著しく困難にするおそれがあるときには、担保を立てさせて、調停の目的となった権利に関する民事執行手続の停止を命じることができる（民調規５条１項）。

そして、特定調停手続では、以下に述べるとおり、この民事執行手続の停止の制度が一般の場合よりも拡充されている（特調７条１項）。

法的整理の手続においては、一般に集団的・画一的処理の要請が働くところ、民事再生や会社更生では、手続開始決定による個別的権利行使の禁止効に伴い、民事執行手続は中止するが（民再39条１項、会更50条１項）、特定調停手続の開始には、財産権行使に対する規制を伴う裁判としての意味はないから、申立てがあった場合に裁判所が個別に判断して民事執行手続の停止を命ずる「ことができる」という規律がとられているものである。

⑵　特定調停における拡張

(A)　無担保による執行停止

民事調停一般では、執行手続の停止命令の発令には担保提供が必要である（民調規５条１項）。しかし、特定調停においても同様に担保提供を必要条件としてしまうと、経済的窮境にあるという理由から特定調停の申立てを行った特定債務者にとっては、担保提供できるだけの経済的余力がないことが少なくなく、民事執行手続の停止を申し立てることが事実上不可能になりかねない。そして、そのような債務者が民事再生等の申立てを行った場合は、担保提供なくして、民事執行手続は中止させられる（民再39条１項）。

これらの点を考慮すれば、民事執行手続の停止に一律に担保提供を要求するのではなく、担保の必要性につき裁判所の個別的な判断に委ねることが相当であるとして、特定調停手続では、民事調停一般の規律を緩和して、無担保で執行停止を命じることができることとした。

立担保の要否、担保金額は、裁判所が、調停成立の見込みや民事執行停止の必要性、執行停止による損害発生の見込み、特定債務者の財産状況等の事情を総合考慮して決定する。[29]

(B)　特定調停の円滑な進行を妨げるおそれがある場合の執行停止

再生という企図との関係において、債権者による個別的な権利行使である民事執行手続を停止すべき要請が働くことは先に述べたとおりであり、執行停止を申し立てることができる要件につき、民事調停一般と同じ要件である調停の成立を不能もしくは著しく困難にするおそれがあるときに加えて、特定調停の円滑な進行を妨げるおそれがあるときにまで、要件が緩和されている（特調７条１項、民調規５条１項）。

(C)　判決書等による場合の執行停止

民事調停一般では、裁判所において作成された判決書や調書などの書面に基づく民事執行手続は停止の対象から除外されている（民調規５条１項ただし書）。しかし、再生を企図する特定調停においては、裁判所において作成された債務名義に基づく民事執行手続であっても、それを停止すべき要請が、民事調停一般よりも強く働く場合が多いと考えられる。債務者が民事再生等を選択した場合には、裁判所において作成された債務名義に基づく強制執行手続であっても中止させられることは先述のとおりである。

そこで、特定調停では、裁判所において作成された債務名義に基づくものでも、そうではないものでも、民事執行手続の停止を命ずることができることとされた（特調７条１項、民調規５条１項）。

(3)　特定調停における制約

(A)　労働債権による場合

特定調停手続では、給与に係る債権に基づく民事執行手続は、一律に執行停止の対象から除外されている（特調７条１項ただし書）。これは、給与債権者、すなわち労働者の保護という面があるほか、労働者が未払給与の支払いを求

29　一問一答64頁。

めて債務者である企業・事業主に強制執行手続を申し立てているような状況では、話合いにより権利調整を行って債務者の経済的再生を図ることはそもそも期待しにくく、通常は執行停止を命ずるために必要な「事件を特定調停によって解決することが相当であると認める」場合にあたらないと思われるからである[30]。

(B) 租税債権による場合

特定調停手続における民事執行手続の停止はあくまで特定調停による利害調整の対象となっている債権が対象である。

そのため、再生型手続においてしばしば個別的権利行使が問題となる租税債権による滞納処分は、民事に関する紛争（民調1条）にあたらないことから、執行停止を申し立てることはできない[31]。

(4) 民事執行手続の続行命令

裁判所が執行停止を命じた後に、必要があると認められるときは、停止された民事執行手続の続行を申し立てることができる。これは民事調停一般の規律と同様である（特調7条2項、民調規5条2項）。

(5) 執行停止の申立手続

特定調停の係属中に民事執行手続の停止を申し立てるには、その理由を疎明する必要がある（特調7条3項）。

執行停止の申立てにおいては、停止を申し立てる民事執行手続の基礎となっている債権・担保権の内容、当該担保権によって担保される債権の内容、執行手続の進行状況、特定債務者等の調整に関する関係権利者の意向、調停成立の見込みを明らかにしなければならない。また、それらの証拠書類を提出する必要がある（特調規3条1項）。

また、裁判所は、必要があれば、民事執行手続の申立てをしている関係権利者を審尋することができる（特調規3条2項）。

なお、裁判所が執行停止の命令や執行続行の命令を発する際に担保を立てさせる必要があると判断した場合には、民訴法における担保提供の規律が準

30　一問一答68頁。なお、日弁連スキーム「手引1」第1の5(6)参照。
31　一問一答71頁。なお、日弁連スキーム「手引1」第1の5(6)参照。

用される（特調７条４項、民訴76条、77条、79条、80条）。

第4章　特定調停事件の手続

第1節　調停機関と調停委員会

Ⅰ　調停機関

●民調5条（調停機関）
1　裁判所は、調停委員会で調停を行う。ただし、裁判所が相当であると認めるときは、裁判官だけでこれを行うことができる。
2　裁判所は、当事者の申立てがあるときは、前項ただし書の規定にかかわらず、調停委員会で調停を行わなければならない。

解　説

1　総　説

民調法5条は、裁判所が民事調停を処理する機関を定め、特に調停委員会がその原則的な機関であることを規定している。

すなわち、裁判所が調停を行うには、原則として調停委員会を組織して行わなければならず（民調5条1項本文）、例外的に「相当であると認めるとき」にのみ、裁判官だけで行うことができる（同項ただし書）[1]。

しかして、特調法には本条の特例となる規定は設けられてはいないため、特定調停においても本条が適用される（特調22条）。

以下、その概要について説明する[2]。

1　単独調停裁判官の権限等につき、民調法15条、特調法19条（第7章第1節第1款参照）。
2　以下の解説に係る詳細については、石川＝梶村120頁以下参照。

2　調停委員会による調停（原則型）

そもそも民事調停という制度は、主として私的自治の原則が支配する民事上の紛争について、紛争当事者の合意により、条理にかない実情に即した解決をするための紛争解決手続であって、実体法的要件効果論のみを適用して事件を処理する手続ではない。民調法５条が調停委員会を原則的調停機関としたのは、調停委員会による調停こそが、こうした調停の目的に即した本来の機能を発揮しうるとの理論的、経験的判断に基づくものであり、かかる紛争解決に有用な学識経験や社会生活上の知識経験の豊富な民間人を裁判官とともに関与させて、一般の民意を反映させるのが適当であるという、民主主義的原理に立脚するものである。

なお、「裁判所は、調停委員会で調停を行う」とは、裁判所が調停の権限を行使するには、その内部組織的な機関の間の権限分配として、調停委員会にこれを処理させることとしたものであり、裁判所のほかに独立の機関として調停委員会が設けられているわけではない。

3　裁判官による単独調停（例外型）

⑴　民事調停一般の場合

原則的な調停機関は、調停委員会であるが、例外的に裁判所が「相当であると認めるとき」は、裁判官だけで調停を行うことができる（民調５条１項ただし書）。

ここに「相当であると認めるとき」とは、一般民間人の良識を紛争解決に反映させるという調停の特質を考慮に入れてもなお調停委員を関与させる必要がなく、裁判官だけで調停を行うのが相当であると認められる場合をいう。

たとえば、①事実関係についてはほとんど争いがなく、法律解釈や契約の解釈のみが争われていて、その点について裁判所の法的評価が示されれば、合意が成立する可能性がある場合、②当事者双方が裁判官だけの調停を希望している場合、③迅速な処理を要し、調停委員会を構成する時間的余裕がない場合、④当事者の双方または一方がその地方の民事調停委員のほとんどと面識をもち、あるいは特別な関係にあるため、公平の観点からみて裁判官だけで調停を行うのが妥当な場合、などがそれにあたるとされる。

(2) 特定調停における留意点

(A) 裁判官による単独調停(例外型)が用いられる事案

以上を前提とした場合、特定調停において裁判官の単独調停が「相当であると認めるとき」とは、企業倒産や事業再生実務に関する「法律、税務、金融、企業の財務、資産の評価等に関する専門的な知識経験を有する」(特調8条)調停委員を関与させる必要がなく、裁判官だけで調停を行うのが相当であると認められる場合と考えられる。

具体的には、「私的整理に関するガイドライン」を嚆矢とする各種の私的整理準則[3]により概ね論点整理の協議は遂げ、残すところ事業再生計画の合理性につき所要の調査嘱託を経る等すればよいだけの場合や、申立人の資金繰りが続かない等、特に手続を迅速に進める必要がある場合、などが想起される。

他方、今後さらに実質的な説得活動が必要と考えられる場合や、事件が大規模である場合、債権者が多数存在する場合等には、原則的な調停委員会型が用いられるのがよいであろう[4]。

(B) 事業再生ADR手続から特定調停が申し立てられた場合

なお、特定認証紛争解決手続(産業競争力強化法2条16項参照。いわゆる事業再生ADR手続)において実質的な協議がされてきたにもかかわらず、一部の対象債権者から同意を得られない場合、特定調停の申立てを行い引き続き協議を重ねることが考えられる。そうした場合、裁判所は、当該事業再生

3　準則型私的整理の沿革と概略については、たとえば、西村あさひ法律事務所＝フロンティア・マネジメント㈱編『私的整理計画策定の実務』62頁以下〔濱田芳貴〕(商事法務、2011年)、松下淳一＝相澤光江編『事業再生・倒産実務全書』21頁以下〔谷津朋美〕(金融財政事情研究会、2020年)ほか参照。

4　鹿子木66頁以下。なお、東京地裁新運用(序章・注23参照)においても、引き続き原則型と例外型は事業の性格に応じて使い分けがされる由である(江原ほか・NBL36頁(本7(1))、江原ほか・金法25頁(本文7(1))。参考まで、「事業再生と債権管理119号」(2008年)に掲載された、東京地方裁判所民事第8部に係属した特定調停事件の状況は次頁〔表〕のとおりである。原則型よりも例外型のほうが数では上回っており、原則型と例外型が逆転している観もあるが、裁判官の単独調停であっても、調査嘱託を依頼した弁護士が調停期日に立ち会い、調整作業に協力するなど、実際上は、型の原則例外を問わず、各事案に応じた適切な運用がされているものと考えられる。

ADR手続が実施されていることを考慮したうえで、裁判官だけで調停を行うこと（例外型）が相当であるかどうかの判断をするものとされている（同法50条）。

私的整理の協議が、すでに準則に従い尽くされてきたことを踏まえての、手続迅速化に向けた企図である。調停委員会を組織し運営するにはおのずと時間を要すること、すでに民間調停が先行して的確に実施されているならば、特定調停において事後的に検証すべき焦点はおのずと絞られているであろうこと、そうした専門的な調査事項については、倒産再生実務に通暁した弁護

〔表〕 特定調停事件一覧表

事件番号	申立人	債権者数	調停委員会	調査嘱託先	申立日	終局日	終局事由	審理期間	備　考
15(特ノ)2	鉱山業	1	裁判官、調停委員２名		H15.10.27	H16.1.15	取下げ	2.5月	産業再生機構へ移行
15(特ノ)3	鉱山業（上と同じ）	1	裁判官単独		H15.11.8	H16.1.28	取下げ	2.5月	〃
16(特ノ)1	住宅供給等	13	裁判官、調停委員２名	監査法人	H16.2.4	H16.10.25	17条決定	8.5月	
16(特ノ)5～9	広告代理業	5	裁判官、調停委員２名		H16.10.21	H17.9.27	取下げ	11.5月	手続内で合意成立
17(特ノ)1	食品製造販売	10	裁判官単独	弁護士	H17.6.30	H17.7.28	不成立	１月	破産手続で事業譲渡
17(特ノ)2	運送業	6	裁判官単独		H17.6.30	H17.7.28	不成立	１月	破産手続
18(特ノ)1	光学機器メーカー	1	裁判官単独	弁護士	H18.4.21	H18.5.31	成立	1.5月	
18(特ノ)2	バイク便	1	裁判官単独		H18.12.25	H19.1.19	取下げ	26日	弁済による債権消滅
19(特ノ)1～9	バイク便（上と同じ）	9	裁判官、調停委員２名	弁護士	H19.1.5	H19.4.27	不成立	3.5月	事業譲渡後破産手続
19(特ノ)11	土木建築業	2	裁判官単独	弁護士	H19.3.16	H19.6.29	成立	3.5月	
19(特ノ)13、14	情報通信サービス	26	裁判官、調停委員２名	弁護士	H19.3.28	H19.10.18	取下げ	6.5月	破産手続で事業譲渡

※上記以外に私的整理ガイドライン手続継続中に不成立の場合に備えた相談があったが、合意成立のため申立てに至らなかった事案が２件ある。

士等への調査嘱託等（民調規21条・16条参照）による対応も可能であること[5]などが、考慮要素として考えられる。

⑶　当事者の申立てがあるときの原則型への回帰

裁判官の単独調停（例外型）が「相当であると認めるとき」の存否は受調停裁判所が判断する。

しかし、裁判所が「相当であると認めるとき」にあたるものと判断して裁判官の単独調停（例外型）に付した場合でも、当事者の申立てがあるときには、調停委員会（原則型）で調停を行わなければならない（民調５条２項）。

民事調停が自主的な紛争解決手続であることからも、調停機関の最終的選択権が当事者に残されているものと考えられる。特定調停もこの点において民事調停一般と異ならず、同条項については特調法に特例となる規定は設けられてはいない。

Ⅱ　調停委員会

●民調６条（調停委員会の組織）
調停委員会は、調停主任１人及び民事調停委員２人以上で組織する。

■民調規19条（調停委員会の決議）
調停委員会の決議は、過半数の意見による。可否同数のときは、調停主任の決するところによる。

■民調規20条（評議の秘密）
調停委員会の評議は、秘密とする。

5　東京地裁「新運用」（序章・注23）では、原則型と例外型のいずれによる場合にも、調査嘱託の実施を基本としつつ、調査事項の重点的な限定とともに予納金の可及的圧縮が志向される由である（序章３（注34）のほか、調査嘱託につき第５章第３節２⑵、予納金につき第３章第３節、各参照）。

解　説

1　意　義

民調法６条は、原則的な調停機関である調停委員会の組織について規定している。[6]

調停委員会は、裁判所が「その他法律において特に定める権限」（裁判所法３条）として行う民事または家事の調停事件の処理のために設置される裁判所の機関である（民調５条）。調停主任と調停委員２人以上[7]で組織される合議制の機関であり、裁判所から独立した機関ではないし、もとより行政機関ではない。

裁判官（民事調停官）たる調停主任と民間人たる調停委員とをもって構成される合議体である点において、裁判官と合議体を構成しない司法委員（民訴279条１項）や参与員（家事事件手続法40条１項）とは異なる制度の特質がある。

なお、調停委員会は、各事件について組織されるものであり（民調７条２項）、具体的な事件を離れて調停委員会なる機関が存在するものではない。

2　権　限

⑴　民事調停一般

調停委員会の中心的権限は調停を行うことにあり、これに関連して各種の権限が民調法および民調規によって付与されている。特定調停に関係しうるものとしては、次のような権限があげられる。

①　利害関係人の調停手続への参加の許可および強制参加命令（民調11条）

②　調停前の措置命令（民調12条）

③　期日を定めて事件の関係人を呼び出すこと（民調12条の３、34条、民調

6　以下の解説に係る詳細については、石川＝梶村128頁以下参照。

7　通常は２人の民事調停委員が指定されるが、事案によっては３人以上が指定されることもありうる。また、弁護士資格を有する民事調停委員（候補）を比較的多く擁する庁では、民事調停委員のうち１人には弁護士（有資格者）を指定し、他に民間からの民事調停委員をあてることも多い。

規７条）

④　調停をしないものとして事件を終了させる調停拒否処分（民調13条）

⑤　弁護士等でない代理人の許可（民調規８条２項）

⑥　事実の調査・証拠調べをすること（民調12条の７第１項）

⑦　調停主任に事実の調査・証拠調べをさせ、地方裁判所または簡易裁判所に事実の調査を嘱託すること（民調12条の７第２項、民調22条、非訟51条１項）

⑧　当該調停委員会を構成する民事調停委員に事実の調査をさせること（民調規13条１項）

⑨　地方裁判所または簡易裁判所に事件の関係人の意見の聴取を嘱託すること（民調規14条）

⑩　官庁・公署等に調査を嘱託すること（民調規16条）

⑪　当該調停委員会を構成しない民事調停委員の専門的な知識経験に基づく意見を聴取すること（民調規18条）

⑫　調停が成立しないものとして事件を終了させる調停不成立の処分（民調14条）

調停委員会は、これらの権限を駆使して、調停期日における当事者や事件関係人からの事情聴取の結果に基づいて調停の方針を立て、得られた各種資料に基づいて事実関係を適切に把握したうえ、対立する当事者の利害を調整しつつ調停案を提示し、必要に応じてこれに修正を施し、当事者を説得して最終的な合意に導くのが基本的な活動である。

⑵　特定調停における権限の拡大

特調法においては、成立すべき特定調停の内容の適正を担保する観点から、必要な資料の収集等に関し、調停委員会の権限が拡充されている（第７章第１節第１款１参照）。

すなわち、特定調停を行うにあたり、紛争の事実関係の把握等のため特に必要があると認める場合には、職権で当事者または参加人に対して事件に関係のある文書等の提出を命ずることができ（特調12条・24条）、また、必要に応じて官庁、公署その他適当であると認める者に対して意見を求めることができる等とされている（特調14条１項）。

特定調停において、調停手続（協議）や調停条項（事業再生計画・経営改善計画）に係る公正性や衡平性、経済（的）合理性が担保されるしくみは、単純化すれば、調停委員会または裁判官により調停が行われるという点にあり、調査嘱託等とも相まって、事案の性質や手続の経過に応じて、当事者間の合意形成に資するため、所要の調査や和解の仲介などにつき、（異論もあろうが）準則化された私的整理における中立的第三者（事業再生ADRにおける手続実施者、支援協議会スキームにおける個別支援チーム等）に相当するような役回りも期待されるところである。

3　評議と決議

調停委員会は各種の意思決定と決定意思に基づく事実行為の連鎖としての調停活動を行うが（その究極は調停案の提示か）、合議体である調停委員会の意思決定は、調停主任と民事調停委員との評議およびこれに基づく決議によって行われる。

評議の方法、時期等については、これを秘密とすること（民調規20条）以外、明示の規制はない。

決議については、過半数の意見によって決せられる（民調規19条前段）。決議には、調停主任も民事調停委員と同等の立場で加わり、表決上の地位に差はない。したがって、調停主任の意見に反して民事調停委員２人の意見が一致すれば、後者の意見に従って決議が成立することになる。意見が可否同数のときは、調停主任の決するところによって決議が成立する（同条後段）。

Ⅲ　調停主任と民事調停委員

●特調８条（民事調停委員の指定）

　裁判所は、特定調停を行う調停委員会を組織する民事調停委員として、事案の性質に応じて必要な法律、税務、金融、企業の財務、資産の評価等に関する専門的な知識経験を有する者を指定するものとする。

●民調７条（調停主任等の指定）
1　調停主任は、裁判官の中から、地方裁判所が指定する。
2　調停委員会を組織する民事調停委員は、裁判所が各事件について指定する。

●民調８条（民事調停委員）
1　民事調停委員は、調停委員会で行う調停に関与するほか、裁判所の命を受けて、他の調停事件について、専門的な知識経験に基づく意見を述べ、嘱託に係る紛争の解決に関する事件の関係人の意見の聴取を行い、その他調停事件を処理するために必要な最高裁判所の定める事務を行う。
2　民事調停委員は、非常勤とし、その任免に関して必要な事項は、最高裁判所が定める。

参考条文：民調９条（民事調停委員の除斥）、民調規４条（民事調停委員の除斥及び回避）、民調10条（手当等）

解　説

1　調停主任

(1)　意　義

調停主任は、あらかじめ裁判官の中から指定され、各別の調停事件において調停委員とともに調停機関である調停委員会を組織し（民調５条、６条）、その合議体の主宰者として、調停活動が適正かつ効果的に行われるように、手続を指揮し運営することを職責とする。

すなわち、合議体による調停活動の基礎となる調停委員会の意思決定は、調停主任と民事調停委員との評議と決議によるところ（民調規19条）、調停主任には、法律知識や職務経験などにより体得された裁判官としての専門的な識見を活用し、事件の内容と手続の進行を把握しつつ、調停委員との活発な意見交換や調停委員への的確な方針指示を通じ、調停機関としての意思の統一を図るべく、適切な指導性を発揮することが期待されるものである（ただし、必ずしも全期日全事件への立会までは前提とされていない）。

⑵　資格と指定

調停主任は、毎年、あらかじめ地方裁判所ごとに、その所属する裁判官または管轄簡易裁判所所属の裁判官の中から[8]、裁判官会議（裁判所法29条２項参照）によって指定されることを原則とする（民調７条１項、下級裁判所事務処理規則６条、８条）。

かようにして、あらかじめ調停主任として指定された裁判官に対する個別具体的な調停事件の分配は、裁判官会議の議により定められた事務分配規程によって自動的ないし機械的に行われる。ただし、調停事件専門部が設置されている裁判所（東京、大阪）における各裁判官に対する事件の分配は、その専門部において定められる[9]。

⑶　職務と役割

調停委員会は、職権で、事実の調査および証拠調べをすることができるが（民調12条の７第１項）、これを調停主任に委嘱することもできる（同条２項）。どのような事項につき調査をさせるかは、調停委員会の決議によって決められるが、たとえば、調査事項がそれほど重要でなく、調停委員会の全員が直接に調査するまでもない場合や、調査が緊急を要し、全員の参加を待つ余裕がない場合などが、適応例として考えられる。

調停活動の成果である調停条項は、当事者間における合意の趣旨に従い、紛争解決のため有効かつ適切なものであることを要するとともに（民調１条、14条）[10]、任意の履行がなされない場合には強制執行の債務名義として有効なものでなければならないし、条項の解釈をめぐって後に紛争を招くようなものであってはならない（同法16条参照）。調停主任は、調停条項の作成にあたり、強制履行や登記等の手続に関する知識経験に基づいて条項を十分検討すると

8　調停主任となる非常勤裁判官である民事調停官につき、民調法23条の２ほか参照。

9　石川＝梶村135頁。なお、東京地方裁判所における「新運用」で想定される事務分配等については、序章・注32参照。

10　なお、特定調停の場合、その調停条項（案）や調停に代わる決定は、「特定債務者の経済的再生に資するとの観点から、公正かつ妥当で経済的合理性を有する内容」であることが必要とされている（特調15条、17条２項、18条１項）。

ともに、調停条項の趣旨や効力を当事者に説明して十分な理解と納得を得るよう努めるべきことになる（もとより、特定調停などの事案において、法律、税務、金融、企業の財務、資産の評価等に関し、特殊ないし高度に専門的な知識経験が求められる場合には、調停委員らとの協働によることを妨げない）。

2　民事調停委員

(1)　意　義

民事調停委員は、最高裁判所が所属裁判所を指定して任命し、民事調停に関し法令が定める職務を行う、非常勤の裁判所職員である。具体的には、個別の事件ごとに、調停主任とともに調停委員会を構成して調停手続に関与するほか、他の調停事件において、専門的な知見に基づく意見を述べる等の事務を行うものである（民調６条、７条２項、８条１項）。

(2)　任　命

民事調停委員は、①ⓐ弁護士となる資格を有する者、ⓑ民事の紛争の解決に有用な専門的知識経験を有する者、または、ⓒ社会生活の上で豊富な知識経験を有する者、のうち１以上の要件を満たし、かつ、②人格識見の高く、③原則として年齢40年以上70年未満の者の中から、最高裁判所が任命する（民調８条２項、民事調停委員及び家事調停委員規則１条）[11]。民事調停委員の所属する裁判所も、任命権者である最高裁判所が定める（同規則４条）。

他方、所定の欠格事由（民事調停委員及び家事調停委員規則２条）が生じたときには解任され、また、心身の故障のため職務の執行ができないと認められるとき、職務上の義務違反その他、民事調停委員たるに適しない行為があったと認められるときには、任命権者である最高裁判所の裁量により、解任されることがありうる（同規則６条）。

11　除斥の対象となり（民調９条、非訟11条、14条３項）、職務上の守秘義務を負う（民調37条、38条）。ただし、非常勤性および民間性という性格から、①政治的行為の制限、②私企業からの隔離、③他の事業または事務に関与することの制限、といった国家公務員一般に関する規律の対象外とされる（国家公務員法102条～104条ほか）。また、地方公共団体の首長、議員、営利企業の経営者などからも任命が可能であり、かつ、その任命の後も従前の活動を制限されない。

⑶　指　定

あらかじめ最高裁判所により任命された調停委員は、各別の事件ごとに受調停裁判所から調停委員会の構成員として指定され[12]、その合議体を主催する調停主任とともに調停委員会を組織し、もって、調停に関与する（民調７条２項、８条１項）。

しかるに、迅速かつ円滑にして適正かつ効果的な調停活動、現実に即し適切かつ妥当な事件の解決にとって重要なのは、調停委員会の有機的な活動、専門的な知識や経験などを背景とした調停委員による人的尽力に依拠するところ大であり、受調停裁判所としては、申立書ほか一件記録を精査し、事件の内容、性質、難易度などを把握し、的確な人選に努めるべきことになる[13]。

この点、特定調停の対象となるべき事案については、特定債務者の経済的再生に資するべく、公正かつ妥当で経済的合理性を有する内容の合意の形成が企図されるため、裁判所が民事調停委員を指定するにあたり、その事案の性質に応じ、必要な法律、税務、金融、企業の財務、資産の評価などに関する専門的な知識経験を有する者が人選されるよう、特に定められている（特調８条[14]）。

⑷　職　務

主要な職務は、調停機関である調停委員会の構成員として、調停活動をすること、すなわち、民事上の紛争の解決に向けた当事者間の合意の成立をめ

12　その指定権者は、同じ調停委員会を組織する調停主任（たる裁判官）ではなく、受調停裁判所であり、その指定は、（任命ではなく）事務分配の性質を有する職務命令と解される。ゆえに、長期の傷病療養など、事件の迅速円滑な処理に支障を来す事由が生じた場合には、受調停裁判所の裁量により指定の取消しも可能と解される。

13　石川＝梶村137頁参照。なお、受調停裁判所が各別の事件の担当として指定できるのは、その裁判所に所属する民事調停委員に限られるが、簡易裁判所における調停事件の処理のため特に必要があるときは、その所在地を管轄する地方裁判所は、その地方裁判所またはその管轄区域内の他の簡易裁判所の民事調停委員に対し、所要の職務を行わせることができるものとされている（民事調停委員及び家事調停委員規則５条）。

14　公認会計士、税理士、不動産鑑定士、中小企業診断士、その他、専門的な知識経験を有する民事調停委員については、調停事件の当初から調停委員会の構成員として指定し、または、事件の進捗に応じて途中から追加して指定する場合のほか、調停委員会の構成員とまではせず、別途、意見を聴取し（本文⑷①参照）、調査を嘱託し（民調規16条参照）、あるいは、専門委員とするなど（非訟33条参照）、柔軟な人材活用が考えられてよい（ただし、費用に関する問題は別段の考慮を要するであろう）。

ざし、その紛争に利害関係を有しない第三者として、その和解協議を仲介することであるが（協議の促進、調停案の提示など）、その他、調停委員会の構成員としてではなく、他の調停事件との関係で、調停委員たる身分で単独で行うことのできる職務も定められている（民調８条１項）。

詳細は省略するが、具体的には以下の３点である。

① 専門的な知識経験に基づく意見を述べること[15]

② 嘱託に係る紛争の解決に関する事件の関係人の意見を聴取すること[16]

③ その他調停事件を処理するために必要な最高裁判所の定める事務[17]

第２節　利害関係人等の参加

●特調９条（関係権利者の参加）

特定調停の結果について利害関係を有する関係権利者が特定調停手続に参加する場合には、民事調停法第11条第１項の規定にかかわらず、調停委員会の許可を受けることを要しない。

15　不動産の時価あるいは借地権の割合・価格が問題となっている場合の不動産鑑定士、建築工事の瑕疵の有無や建物の撤去費用が問題となっている場合の建築士、会社の経営・会計が問題となっている場合の公認会計士・税理士が、それぞれ調停委員であるとき、これらの専門家調停委員の専門分野における知識経験に基づく意見を述べるなど。あくまで意見の表明であり、その方法も任意であるが、調停条項案の作成や当事者に対する説得活動などは職務外である。受調停裁判所は、各別の事件を担当する調停委員会が必要と判断した場合において、この専門家調停委員の人選（指定）をすることになる。

16　調停委員会が、その担当する事件の進行上、その所属する裁判所の管轄区域外に所在する「事件の関係人」の「意見」を聴取すべき旨を決議した場合、その関係人の所在地を管轄する裁判所に対し意見聴取を嘱託することになるが（民調規14条）、嘱託を受けた裁判所は、これを裁判官によって行うことができるほか、相当と認める場合には、これを所属する民事調停委員にさせることもできる（民調規15条２項）。その民事調停委員による意見聴取の結果は、自己の所属する裁判所を通じて、嘱託元の調停委員会に報告される。ここに「事件の関係人」とは、当事者（当事者に準ずる法定代理人、代表者などを含む）のほかは、利害関係人として参加した者ないしは参加予定の者、調停の成立または事件の結果に何らかの利害関係（法律上の利害関係のほか調停の性質上事実上の利害関係を含むと解してよい）を有する者に限られ、また、「意見」とは、調停事件の関係人の事件進行に対する意見（調停をさらに継続させてほしいとか、もはや打切りもしくは取下げにしたいとか）、解決策に関する自己の意見または相手方もしくは調停委員会の提示した解決策もしくは調停案に対する意見などを意味するものと解されている。

17　民調規15条１項に定める嘱託に係る事実の調査の事務。最高裁判所が定めるのは、現在のところ、これに限られる。

●民調11条（利害関係人の参加）
1　調停の結果について利害関係を有する者は、調停委員会の許可を受けて、調停手続に参加することができる。
2　調停委員会は、相当であると認めるときは、調停の結果について利害関係を有する者を調停手続に参加させることができる。

参考条文：非訟20条（当事者参加）、21条（利害関係参加）、非訟規15条（参加の申出の方式等・法第20条等）

解　説

1　概　要

⑴　参加を認める必要性

特定調停手続においては、債務者に対し手続開始前の原因に基づき生じた財産上の請求権を有する総債権者の手続関与を原則とする民事再生や会社更生の場合（民再84条１項、会更２条８項ほか）とは異なり、申立人たる特定債務者（特調２条１項）が調停の相手方とした者のみが手続に関与するのが基本になる。

そのため、特定債務者の経済的再生のために利害関係を調整する必要のある者（債権者や担保権者）が特定調停の手続関与が網羅的でない場合がありうる。

この点、民事調停の本則によれば、調停結果に利害関係を有する者が広く調停手続に関与し、紛争の全体的な解決をめざすほうが望ましいことから、利害関係を有する者が、調停委員会の許可を得て、調停手続に参加できる道が用意されている（民調11条１項）[18]。

かかる趣旨は特定調停においても然りであるが、加えて、特定調停の結果は、申立ての相手方となっていない債権者等に対して、特定債務者の全体的

18　小山159頁、梶村＝深沢303頁以下参照。

な返済能力等を通じて影響を与えるものであり、また、特定債務者および特定調停に参加している債権者等としても、手続に参加していない債権者への弁済を考慮することなしには公正妥当で経済的合理性を有する弁済計画を立案し協議することは難しく、いずれにせよ、手続に無関心ではいられないはずである。

⑵ 要件緩和の許容性

こうした特性から、特調法は要件を緩和し、特定調停の結果に利害関係を有する関係権利者には、調停委員会の許可なくして、手続への参加を認めているものである（特調９条）。

すなわち、一般の民事調停が広く「民事に関する紛争」を対象としているのに対し（民調１条）、特定調停は債務者が負っている金銭債務に係る利害関係を調停して債務者等の経済的再生を図るという目的が特定された手続であり（特調１条）、利害関係人の範囲も法文で定められた「関係当事者」に限定され（特調２条４項）、調停委員会の許可なく参加を認めても、手続に参加してくる者の範囲が不明確となるおそれはない。

2 特定調停における手続参加の特徴

⑴ 関係権利者による参加

特調法９条で参加を認められている者は、「特定調停の結果について利害関係を有する関係権利者」である。

この点、「特定調停の結果について利害関係を有する」という要件は、一見すると、民調法11条１項の「調停の結果について利害関係を有する」と同様であり、その範囲が必ずしも明確とはいえないようにもみえる。しかし、利害関係を有する「関係権利者」は、すなわち「特定債務者に対して財産上の請求権を有する者及び特定債務者の財産の上に担保権を有する者」に限定され（特調２条４項参照）、本条により手続への参加ができる者が不相当に広範なものとなったり、参加の資格の有無をめぐって紛争が先鋭化するような弊害は生じないと考えられる。

また、「関係権利者」の参加であれば、当事者（特定債務者、相手方たる債権

第４章

者ら）にとっても特定調停手続に参加してくることが想定されるといえるので、調停委員会の許可がなく参加してきても当事者にとって不測の事態ではない。

⑵　関係権利者以外の利害関係人の参加

関係権利者ではないが「調停の結果について利害関係を有する者」もまた、民調法11条１項の規定により、調停委員会の許可を受けて、調停手続に参加することができる（任意参加）。対して、同条２項の規定によれば、調停委員会が「相当であると認めるとき」は、調停の結果について利害関係を有する者として、調停手続に参加させることもできる（強制参加）[19]。

以上に対し、調停手続の当事者が調停手続に参加していない者を手続に引き込みたい場合には、これを直接規律する規定はないが（ただし、特調３条および６条ほか）、「調停委員会」に対して強制参加命令の職権発動につき上申し、調停委員会の判断で参加させることは考えられる（民調11条２項）。

なお、私的整理の協議を進め、大半の債権者からは再建計画に同意が得られる見込みが立ったものの、一部の債権者のみが同意をしない場合に、その一部債権者のみを相手に特定調停手続の申立てを行う場合など、特定調停手続に参加していない関係権利者がいるものの、それらの者を参加させる必要がないことは十分ありうる。

⑶　手続参加の方式

関係権利者が手続参加するについて、特調法および民調法に規定はないが（ただし、民調規３条）、非訟法の規律は参考になる。

たとえば、特定調停手続に参加しようとする関係権利者は、参加の趣旨（どの特定調停手続に参加しようとするのかを明らかにするもの）および参加の理由（参加資格である「特定調停の結果について利害関係を有する」、「特定債務者に対して財産上の請求権を有する者及び特定債務者の財産の上に担保権を有する者」で

19　なお、非訟法では、当事者となる資格を有する者および裁判を受ける者となるべき者は、裁判所の許可なくして非訟事件に参加することが認められている（非訟20条１項、21条１項）。また、裁判を受ける者となるべき者以外の者であって、非訟事件の結果により直接の影響を受ける者は、非訟事件の手続への参加に際して、裁判所の許可が要求されている（非訟21条２項）。民調法11条は、かかる規律に対する特則（民調22条参照）に該当する。金子編著・一問一答54頁（注）参照。

あることを明らかにするもの）を記載した書面を裁判所に提出して、参加の申出を行い、その書面には、参加の理由に関し、参加資格を有することを明らかにする資料を添付する等である（非訟20条２項、非訟規15条）。

なお、関係権利者が参加し、もしくは、利害関係人につき、任意参加が許可され、または強制参加が命ぜられた場合、その参加人は当事者の地位に就くものと解される[20]。

第３節　特定調停の審理

第１款　審理の原則

Ⅰ　手続の非公開

●非訟30条（手続の非公開）
非訟事件の手続は、公開しない。ただし、裁判所は、相当と認める者の傍聴を許すことができる。

解　説

１　概　要

本条は、非訟事件の手続における非公開原則を定めるものである。ここで、「公開しない」としているのは、当事者が期日に立ち会うことができるか、当事者または第三者が裁判資料を閲覧謄写することができるかという問題ではなく、いわゆる公開された法廷において当事者以外の第三者が手続を傍聴することができるかという問題である。

20　小山160頁。

２　非公開の意義

憲法82条１項は、「裁判の対審及び判決は、公開法廷でこれを行ふ」と定めている。ここでいう「公開」は、当事者以外の第三者が手続を傍聴できるという意味である。

民事に関する裁判所における手続、とりわけ民事訴訟の手続においては、裁判の過程および裁判内容を衆人環視のもとにおくことで裁判官の偏頗な行動を抑制して公正な裁判を確保するため、重要な原則とされている[21]。この点、判例は、憲法82条の「裁判」とは、当事者の意思いかんにかかわらず終局的に事実を確定し当事者の主張する権利義務の存否を確定するような性質上純然たる訴訟事件に限定され[22]、非訟事件にかかる一般公開は憲法上要請されていないとする立場と解されるが、この立場に立っても、公開してはならないというわけではなく、公開するものとする選択肢はありうる。

しかし、非訟事件の手続においては、公益性の観点から実体的真実に合致した裁判をすることが要請され、秘匿性の高い資料であっても収集することが求められる場合があるところ、手続の公開により秘密が公になり回復困難な不利益を与えるおそれがあり、また、秘密が公になることを恐れる者からの裁判資料の収集が困難となり、真実の発見が阻害されて実体的真実に合致した適正な裁判の実現ができなくなるおそれもある。あるいは、一般に簡易迅速性が求められる非訟事件手続において、手続を公開しなければならないとすると、時間的場所的な制約から費用と労力がかかり、この要請に反するおそれもある。

以上の事情を考慮し、本条が非訟事件の手続は公開しない旨を明示的に定めたうえ、相当と認める者の傍聴を許すことができるとの構成を採用している以上、本条にいう「公開しない」とは、特別の規定がない限り、公開してはならないという趣旨であると解される。もちろん、事件類型によっては、個別規定または法令により、非公開の原則をとらないこととすることも禁じ

21　新堂幸司「訴訟と非訟」青山善充＝伊藤眞編『民事訴訟法の争点〔第３版〕』14頁（有斐閣、1998年）。
22　最大決昭和40・６・30民集19巻４号1089頁等。

られてはいないが、そういった個別規定等を欠く特定調停の手続は、本条に従い原則非公開で行われることになる。

なお、手続は非公開であるが、証拠調べは民事訴訟の手続に準じて行われる（非訟53条）。

3　傍聴許可

裁判所の裁量により傍聴を許可された者については、非訟事件の手続を傍聴することができる。傍聴許可の対象となる手続は、期日における手続である。

傍聴を許可するか否かの判断にあたっては、期日の性質や期日において行われる手続の内容、傍聴の必要性・目的、傍聴を希望する者と当該手続との利害関係の程度、傍聴の当該手続に与える影響等が総合的に考慮されることになる[23]。

Ⅱ　当事者および裁判所の責務

●特調10条（当事者の責務）

特定調停においては、当事者は、調停委員会に対し、債権又は債務の発生原因及び内容、弁済等による債権又は債務の内容の変更及び担保関係の変更等に関する事実を明らかにしなければならない。

●非訟4条（裁判所及び当事者の責務）

裁判所は、非訟事件の手続が公正かつ迅速に行われるように努め、当事者は、信義に従い誠実に非訟事件の手続を追行しなければならない。

■特調規4条（相手方が提出すべき書面等・法第10条）

1　関係権利者である当事者及び参加人は、相当な期間（裁判所書記官が期間を定めて提出を催告したときは、その期間）内に、次に掲げる事項を記載した書面及びその証拠書類を提出しなければならない。

23　金子編著・逐条解説113頁。

一　申立人に対する債権又は担保権の発生原因及び内容
二　前号の債権についての弁済、放棄等による内容の変更及び同号の担保権についての担保関係の変更
2　前項第2号に規定する弁済による債権の内容の変更を記載するときは、その算出の根拠及び過程を明らかにしなければならない。

■民調規8条（本人の出頭義務）

1　調停委員会の呼出しを受けた当事者は、自ら出頭しなければならない。ただし、やむを得ない事由があるときは、代理人を出頭させることができる。
2　次に掲げる者以外の者を前項の代理人とするには、調停委員会の許可を受けなければならない。
一　弁護士
二　司法書士法（昭和25年法律第197号）第3条第2項に規定する司法書士（同条第1項第6号ニに掲げる手続に係る事件に限る。）
3　調停委員会は、いつでも、前項の許可を取り消すことができる。

■民調規9条（期日外の準備）

調停に関与する者は、調停が適正かつ迅速に行われるように、調停手続の期日外において十分な準備をしなければならない。

解　説

1　手続上の行為と信義則

公正かつ迅速な手続を通じて非訟事件が適正に解決されるためには、当然のことながら、手続の主宰者である裁判所（調停にあっては調停委員会）において、公正かつ迅速に手続が行われるように努め、また、事件に関与する当事者において、公正かつ迅速な手続の実現に向けて、誠実に手続を追行する必要がある。この点、非訟法4条は、非訟事件手続の通則として、裁判所の公正迅速な手続への責務と当事者の信義誠実に手続を追行する責務につき明確に規定し、公正かつ迅速な手続を通じた非訟事件の適正な解決が企図されている（特調22条、民調22条）。

その責務違背に対する具体的な法的効果こそ定められていないものの、民

事訴訟手続における民訴法２条と同様に、事案によっては、非訟法４条を根拠として、①手続上の禁反言、②手続上の権能の失効、および③手続上の権能の濫用の禁止等の具体的な法的効果を導き、当事者の手続上の行為を規律することも考えられる。

2　特調法の定め

⑴　趣　旨

特定調停においては、申立人である特定債務者につき法的整理の手続が開始されるおそれがあることを前提として（特調２条１項参照)、特定債務者の資力状況を把握し、相手方たる債権者に対する残債務額などを確認したうえで、特定債務者の支払能力に応じた弁済計画案を策定すべきことになる。このような手続を迅速かつ的確に進めるためには、当事者双方から残債務額などに関する資料を速やかに提出させる必要があるが、特定調停法制が整備される以前の民調法のもとで運用されてきた、いわゆる債務弁済協定調停の実務では、利息制限法違反の約定利息の支払いがある事案において、元本充当の計算に必要な資料の提供につき、合理的な理由がないのに協力的でない債権者がいるために、迅速かつ的確な事件の解決が困難となっている例があるとの指摘がされていた。こうした指摘も踏まえ、特定調停手続を迅速かつ的確に進めるべく、特調法10条は、手続追行につき特定調停における当事者が負う具体的な責務として、特定調停の対象たる債務の発生原因および内容、弁済状況等の事実を明らかにすべき旨、規定しているものである。

⑵　内　容

特調法10条は、特定調停の対象たる債務の発生原因および内容、弁済状況等の事実を明らかにすることを当事者双方の責務としているが、特調規４条は、かかる責務をさらに具体化し、関係権利者である当事者および参加人は、相当な期間（裁判所書記官が期間を定めて催告したときは、その期間）内に、①申立人に対する債権または担保権の発生原因および内容、②債権についての弁済、放棄等による内容の変更および担保権についての担保関係の変更、の各事項を記載した書面およびその証拠書類を提出しなければならず、弁済による債権の内容の変更を記載するときは、その算出の根拠および過程を明らかにしなければならない旨、定められている[24]。

これらは、当事者の責務を訓示的に規定したものにとどまるが、特調法では、この当事者の責務を具体的に実現するための方策として、調停委員会が職権をもって当事者または参加人に対して事件に関係のある文書等の提出を求めることができる制度を設け（特調12条）、その違反者に対しては10万円以下の過料の制裁を科すこととしている（特調24条）。

3　民調法の定め

(1)　本人の出頭義務

民調規８条は、調停委員会の呼出し（民調12条の３）を受けた当事者につき、本人の出頭義務を定めている。これは、当事者本人から直接事情を聞き、当事者の互譲によって紛争を解決するという調停制度の特性によるものである。

当事者が呼出しを受けた場合でも、呼出しを受けた期日にどうしても差し支えてしまうことも想定されるため、「やむを得ない事由があるときは、代理人を出頭させ」ることができる旨も定めている。

この「代理人」は、いわゆる出頭代理人と呼ばれるものであり、期日に出頭することについての代理人と解されており、申立行為から調停手続全般について代理人として行為するいわゆる調停代理人（非訟22条、民調22条）とは区別される。民調規８条２項では、弁護士および司法書士以外の者を出頭代理人とする場合には調停委員会の許可を必要とする旨定めているが、実際の調停では、多くの事件で調停代理人として弁護士が選任されており、当事者本人が出頭できない場合に、あえて弁護士等が出頭代理人として選任される例はほとんどない。実務では、本人の配偶者、子、兄弟姉妹、法人・団体の場合にはその法人等の従業員等が出頭代理人になる場合が多い。

また、「やむを得ない事由」とは、本人の病気、冠婚葬祭、重病の近親者の看護等をあげることができようが、調停の進行に支障を来さない程度の相当

24　事業再生を企図した特定調停においては、本条が列挙する諸事項については、むしろ申立ての（前の）段階において整理が遂げられているのが望ましい。序章４（注31）参照。

な代理人を出頭させた場合には、このやむを得ない事由を強く追及することはしないというのが実務上の運用である[25]。

(2) 期日外の準備

また、民調規9条も、「調停に関与する者は、調停が適正かつ迅速に行われるように、調停手続の期日外において十分な準備をしなければならない」と規定し、調停手続を迅速かつ的確に進めるために、期日外において十分な準備をすることを裁判所および当事者等の一般的な責務として定めている。

Ⅲ 調停手続の指揮

●民調12条の2（調停手続の指揮）

調停委員会における調停手続は、調停主任が指揮する。

●非訟45条（裁判長の手続指揮権）

1 （略）

2 裁判長は、発言を許し、又はその命令に従わない者の発言を禁止することができる。

3 当事者が非訟事件の手続の期日における裁判長の指揮に関する命令に対し異議を述べたときは、裁判所は、その異議について裁判をする。

■非訟規40条（参考事項の聴取・法第43条）

1 裁判長は、非訟事件の申立てがあったときは、当事者から、非訟事件の手続の進行に関する意見その他手続の進行について参考とすべき事項の聴取をすることができる。

2 裁判長は、前項の聴取をする場合には、裁判所書記官に命じて行わせることができる。

参考条文：非訟46条（受命裁判官による手続）、非訟48条（通訳人の立会い等その他の措置）、非訟規43条（手続代理人の陳述禁止等の通知・法第48条）、民訴148条（裁判長の訴訟指揮権）、155条（弁論能力を欠く者に対する措置）

---

25 石川＝梶村489頁。

解　説

1　概　要

民調法12条の2は、調停には、調停委員会という合議体が調停機関として手続を主宰するという調停固有の面があることを前提に、調停手続に特有のものとして、調停委員会が行う調停手続の指揮についての規律を定めるものである。

すなわち、調停委員会（民調5条1項本文）が行う調停手続は、手続を公正かつ迅速に行うという観点からは、調停委員会を組織する裁判官である調停主任（民調7条1項）が機動的に進行させることが相当であり、本条は、調停委員会が行う調停手続の指揮は、調停主任が指揮する旨、規定するものである。ちなみに、非訟法45条1項と異なり、規律の対象を期日における手続に限定していないのは、調停委員会の評議（民調規20条）の主宰等、調停手続の期日外における手続も含め、調停手続全般にわたって裁判官である調停主任が指揮することを想定しているためである[26]。

なお、裁判所が相当であると認めるときは、裁判官だけで調停を行うことができるが（民調5条1項ただし書）、この場合には、当然、裁判官が調停手続を指揮することになる（民調15条。非訟45条1項は非準用）。

2　手続指揮の内容

調停主任は、調停期日において、手続指揮をする必要上、当事者その他の者に対し、発言を許し、またはその命令に従わない者の発言を禁止することができる（民調22条、非訟45条2項）。

また、当事者から、調停手続の進行に関する意見その他の進行について参考とすべき事項の聴取をし、または裁判所書記官に命じて聴取をさせることができる（民調規24条。非訟規40条参照）。

26　金子編著・逐条解説446頁。民調法12条の2は、非訟法45条1項に対する特則である（民調22条）。

3　手続指揮に対する異議

当事者は、調停手続の期日における調停主任の指揮に関する命令に対し、異議を申し立てることができる（民調22条、非訟45条３項）。

手続指揮についての裁判は、元々特に理由を示すことなく、取り消すことができるので（民調22条、非訟62条２項）、当事者はその職権発動を求めることができるが、当事者の権能として不服申立てをする方法が認められている点に意義がある。

なお、異議についての裁判に対しては、即時抗告をすることはできず（民調21条参照）、終局決定に対する抗告の機会に上級審の判断を受けることができるにとどまる。

第２款　調停の期日

Ⅰ　期日の開催

●民調12条の３（期日の呼出し）

調停委員会は、調停手続の期日を定めて、事件の関係人を呼び出さなければならない。

●非訟34条（期日及び期間）

1　（略）

2　非訟事件の手続の期日は、やむを得ない場合に限り、日曜日その他の一般の休日に指定することができる。

3　非訟事件の手続の期日の変更は、顕著な事由がある場合に限り、することができる。

4　民事訴訟法第94条から第97条までの規定は、非訟事件の手続の期日及び期間について準用する。

■民調規７条（期日の呼出状）

調停手続の期日の呼出状には、不出頭に対する法律上の制裁を記載しなけれぱならない。

参照条文：非訟規30条（受命裁判官又は受諾裁判官の期日指定・法第34条）、32条（裁判長等が定めた期間の伸縮・法第34条）

解　説

1　調停の期日の指定

(1)　期日指定の方法

調停期日は、民調法の定めるところにより（特調22条）、調停委員会（通常は、調停主任裁判官が調停委員会を代表して行う）が、職権で指定する（民調12条の３）。

民訴法においては、「申立てにより又は職権で、裁判長が指定する」ものと定められている（民訴93条１項）が、必要的口頭弁論主義（民訴87条１項本文）が採用されている民事訴訟手続とは異なり、非訟事件手続では、職権主義が適用され、期日を開催するか否かを含めて裁判所の判断に委ねられるため、当事者による期日指定の申立権は認められていない（非訟34条１項参照）。

(2)　期日の開催時期

第１回期日の開催時期について、法律上の定めはなく、調停委員会の裁量的判断に委ねられる。もっとも、民事訴訟手続において、原則として、第１回口頭弁論期日を訴え提起日から30日以内の日に指定しなければならないものと定められていること（民訴規60条２項）に照らし、（特定）調停手続においても、事件受理後30日以内に第１回期日を開催すべきであると考えられる[27]。

続行期日については、調停委員会が、事件の内容および性質、調停の進行状況、当事者その他の事件関係人の都合、調停委員の都合、調停室の利用状

27　田村洋三＝加藤幸雄編『裁判手続における期間・期日・期限の実務』171頁（新日本法規出版、2003年）、梶村＝深沢418頁参照。実務上も、事件受理後１カ月以内には、第１回期日が指定されることが多いとされ、また、特定調停を申し立てた当日に、第１回期日を指定し、即日（通常は、申立日の午後）、調停委員が申立人から事情を聴取するという運用（これを「即日調停」という）を行っている裁判所もあるという。なお、東京地裁における新運用（序章（注23）参照）ほか事業再生を企図した特定調停については、その申立てに先立つ事前相談が奨励される。

況等を考慮して、指定する。[28]

(3) 夜間・休日における期日の開催

調停期日は、年末年始を除く月曜日から金曜日における、裁判所の開庁時間に開催される。もっとも、東京・大阪の簡易裁判所における一般の民事調停については、仕事や家庭等の事情から裁判所の開庁時間に出席できない当事者のため、当事者双方が希望し、かつ、調停委員会が必要と認めた場合には、午後5時30分から午後8時までの間、夜間調停が行われている。

また、やむを得ない場合には、日曜日その他の一般の休日に期日を指定することも可能である（特調22条、民調22条、非訟34条2項）。なお、土曜日や年末年始も、裁判所の休日であり、原則として裁判所の執務を行わないものとされていること（裁判所の休日に関する法律1条1項）から、「一般の休日」に含まれるものと解される。

(4) 期日の変更

いったん指定した期日を開催せずに取り消し、新たな期日を指定することを、「期日の変更」という。この点、非訟法の準用により、「顕著な事由がある場合」に限り、変更が認められることになる（特調22条、民調22条、非訟34条3項）。期日の指定は、手続指揮に関する裁判であり、いつでも取り消しうる由ながら（非訟62条2項）、これを無制限に認めると、迅速かつ充実した審理の実現が阻害されるからである。

ここに「顕著な事由」とは、当初指定された期日に出頭することが期待できず、期日の変更をしなければ、充実した話合いをすることが困難であると認められる程度の特別な事情を意味するものと考えられる。[29] また、期日指定の申立権が認められていないことと同様の理由により、当事者の合意による期日の変更（民訴93条3項ただし書）も認められていない。

28　事業再生を企図した特定調停における手続スケジュールの考え方につき、序章3（注24以下）、日弁連スキームにつき、同「手引1」第2の5、各参照。

29　非訟規31条は、当事者または参加人の1人につき数人いる手続代理人の1人について変更の事由が生じたこと（同条1号）、期日指定後に同じ日時に他の事件の期日が指定されたこと（同条2号）は、やむを得ない事由がない限り「顕著な事由」には該当しないものと規定する。

2　関係人の呼出し

(1)　呼出しの意義

呼出しとは、調停の期日を告知し、調停期日への出頭を求める行為である。係属する調停事件に利害関係のある者に対して出席の機会を保障するとともに、出頭させることにより、事件の実情を把握し、合理的な紛争解決を図ることを目的とする。

具体的には、調停委員会が、調停期日の指定後に「事件の関係人」に対して呼出しを行うことになる。ここに「事件の関係人」とは、当事者（申立人および相手方）のみならず、参加人（特調９条）、関係権利者（特調２条４項）等、調停委員会が紛争解決のために事情を聴取する必要があると認めた者をいう[30]。

(2)　呼出しの方法

実際の呼出しは、期日呼出状の送達、出頭者に対する告知、その他、相当と認める方法によって行われる（特調22条、民調22条、非訟34条４項、民訴94条１項）。

訴訟手続では、期日呼出状の送達による方法が基本となるが、調停においては、手続の簡易性・迅速性・低廉性・柔軟性という要請もあることから、通常は、各当事者に対し期日呼出状を普通郵便で送付する方法、電話による簡易呼出しをしたうえで期日請書の提出を求める方法、期日に出頭した当事者に対して口頭で期日を告知する方法等により、呼出しが行われる。期日呼出状には、不出頭に対する法律上の制裁を記載しなければならないとされているが（民調規７条）、当事者間の任意の話合いを前提とする調停手続における実際の運用上では、制裁警告文なしの呼出状が発送されることが多い。

なお、呼出しに時間や場所の指定を欠く等の瑕疵がある場合、適式な呼出しとはいえず、期日を開催することはできず、また、期日が開催されても、その期日における行為は、違法となる。

30　金子編著・逐条解説447頁参照。

3　期日への出頭・不出頭

(1)　本人出頭の原則

呼出しを受けた当事者は、原則として、自ら出頭しなければならない（特調規９条、民調規８条)。これに対して、当事者以外の「事件の関係人」には、本人出頭義務を定める規定はないものの、事情を聴取して事件の実情を把握するという呼出しの目的からすれば、本人が出頭することが望ましいといえる。

呼出しを受けた者（とりわけ相手方）が出頭しない場合、調停委員会が「当事者間に公正かつ妥当で経済的合理性を有する内容の合意が成立する見込みがない」と判断すれば、特定調停は不成立となる（特調18条１項)。

もっとも、実務上は、相手方が調停期日に出頭しないからといって直ちに特定調停を不成立とすることはなく、調停委員が、不出頭者に対して電話で債務額や返済方法等の調整を行い、合意を取得できるよう交渉を試みることが多い。また、相手方が調停期日には出頭しないが、積極的に異議も唱えず、合意が成立する見込みがあると調停委員会が判断した場合には、調停に代わる決定（民調17条、特調20条）により特定調停を成立させるという手法も活用されている。

(2)　不出頭者に対する制裁

呼出しを受けた事件関係人が正当な事由なく出頭しなかった場合には、不出頭に対する法律上の制裁として、５万円以下の過料による行政罰が科される（特調22条、民調34条)。事件関係人の出頭確保を担保することにより、意見交換および説得の機会を保障するためである。ゆえに、出頭しないことが一般的・客観的にみて真にやむを得ないと認められる相当の理由がある場合には、制裁を免れるべきである。具体的には、裁判所が、不出頭の理由の重要性・緊急性、不出頭者の対応の誠実性（事前連絡の有無）などを中心に、その期日における現実の出頭の必要性、不出頭による不利益の程度、代替手段の有無なども勘案し、「正当な事由」につき、評価、判断することになる。[31]

民調法34条にいう「事件の関係人」の意義については、見解の対立がある。

この点、同条が制裁対象を当事者に限定しておらず、また、他の法条に用いられている同じ文言との平仄にも勘案し、一応、民調法12条の３の「事件の関係人」と同じ意味であると解するが[32]、当事者および参加人以外の出頭義務を課すことが適切とはいえない者については、先述の「正当な事由」の要件につき、緩やかに判断されるべきである。

４　期日の内容

特定調停の期日における審理の進行や内容については、調停主任の裁量的判断による手続指揮に委ねられる（特調22条、民調12条の２）が、一般的な事案では概ね以下のとおりである[33]。

まず、申立人だけに出頭を求め、調停委員が、申立人から、総債務額、弁済原資の有無、今後の返済方法等の事情を聴取する（事情聴取期日）。その後、相手方にも出頭を求め、債務額の確定や返済方法につき相手方の意見を聴いたうえで、総債務額を確定し、公正かつ妥当な返済方法の調整を行う（調整期日）。

また、相手方が出頭する場合には、通常の民事調停手続と同様に、調停委員が、相手方を１人ずつ呼び出すという方法（交互調停）と、破産手続における債権者集会と同様に、相手方全員（または一定のグループ）を、同一の時間・場所に呼び出すという方法（集合調停）がある。

31　1989年（平成元年）から1998年（平成10年）の間に、民事調停への不出頭に対して過料の裁判を受けた人員は、合計６件にすぎない（司法制度推進改革本部第27回労働検討会配布資料193「民事調停への不出頭に対して過料の裁判を受けた人員」）。なお、1999年（平成11年）以降の統計は不明である。

32　これに対して、民調法12条の３の「事件の関係人」より狭く、呼出しに応ずる義務を課することができる者でなければならないとして、参加人でない当該調停事件の法律上・事実上の利害関係人にすぎない者や証人的立場にある者で参考人として呼出しを受けたにすぎない者はこれに含まないと解すべきとする見解もある（梶村＝深沢423頁）。

33　なお、事業再生を企図する特定調停における協議や審理の手順につき、序章２（注14）、同３（注23および注27）ほか参照。

Ⅱ　調停の場所

●**民調12条の４（調停の場所）**
　調停委員会は、事件の実情を考慮して、裁判所外の適当な場所で調停を行うことができる。

●**非訟47条（音声の送受信による通話の方法による手続）**
1　裁判所は、当事者が遠隔の地に居住しているときその他相当と認めるときは、当事者の意見を聴いて、最高裁判所規則で定めるところにより、裁判所及び当事者双方が音声の送受信により同時に通話をすることができる方法によって、非訟事件の手続の期日における手続（証拠調べを除く。）を行うことができる。
2　非訟事件の手続の期日に出頭しないで前項の手続に関与した者は、その期日に出頭したものとみなす。

参照条文：民訴185条（裁判所外における証拠調べ）

解　説

1　現地調停を行う場合

民事調停は、通常、その事件の係属する裁判所庁舎内の調停室で行われる。もっとも、事件の実情によっては、裁判所外での話合いのほうがより紛争を解決するうえで望ましく、調停の目的に適う場合もあることから、調停委員会の裁量的判断により、裁判所外の適当な場所で調停を行うことも許容されている。これを「現地調停」という（民調12条の４）。実際、現地見分の必要性や事件関係人の出頭の便宜等から裁判所外で調停を実施することが適切である場合も考えられる。

もっとも、特定調停は、金銭債務に係る利害関係の調整を目的とすることから、現地見分が必要とされるケースは稀かと思われ、また、通常は相手方の住所地を管轄する裁判所に対して申立てが行われることから、事件関係人の出頭の便宜を理由に裁判所外で調停を実施することが適切である場合もあまり多くはないかと思われる。他方で、特定調停においては、多数の事件関係人が一堂に会して調停を行う場合も想定されるところ、多数の者が出頭可能な場所が裁判所に設置されていない場合には、裁判所外の集会所等において調停が開催される場合もありうる。

2　現地調停が行われる「適当な場所」

「適当な場所」といえるためには、裁判所で行うよりも当事者間の紛争解決が促進され、かつ、非公開原則（特調22条、民調22条、非訟30条）との関係から、事件関係人のプライバシー保護や秘密保持の要請に適うような場所でなければならない。最終的には、調停委員会が、その他諸々の事情も考慮し、裁量的判断により決定する。

3　通話の方法による期日の開催

民事調停の手続における利害調整は、当事者の互譲により合意の形成を企図するという制度の性格上（民調１条）、基本的には期日の呼出しに応じて本人が現に出頭し（民調規８条１項）、調停委員会の活動を介して（交互または対面により）当事者が協議を重ねる建前である。しかしその一方で、民事調停の申立て等につき、電子情報処理組織（電気通信回線で各接続した電子計算機で構成された情報処理組織）による方法（特調22条、民調22条、非訟42条、民訴132条の10）が容れられる場合があり、また、審理の的確な進行や和解勧試の必要に応じて専門委員を手続に関与させる際（非訟33条１項）、その専門委員が遠隔の地に居住している等の場合には、裁判所および当事者双方が専門委員との間で音声の送受信により同時に通話をすることができる方法により、専門委員が所用の意見を述べる等できるなど、電気通信手段を用いた形での（いわばリモート形式による）手続の進行や審理の余地は認められている。

この点、調停期日の開催についても、当事者が遠隔の地に居住するなど相当な理由が認められる場合には、裁判所および当事者双方が音声の送受信により同時に通話することができる方法によって、期日における手続を行いうる余地がある（非訟47条1項）[34]。この点、民事訴訟手続では、少なくとも一方当事者の出頭が必要とされているが（民訴170条3項。ただし、書面による準備手続を除く）、非訟事件手続においては、当事者の便宜および簡易迅速性の要請から、一方当事者の出頭すら不要とされており、（特定）調停手続においても同様である。

Ⅲ　書類の送付・手続の中止

●非訟38条（送達及び手続の中止）

送達及び非訟事件の手続の中止については、民事訴訟法第1編第5章第4節及び第130条から第132条まで（同条第1項を除く。）の規定を準用する。この場合において、同法第113条中「その訴訟の目的である請求又は防御の方法」とあるのは、「裁判を求める事項」と読み替えるものとする。

■非訟規35条（送達・法第38条）

送達については、民事訴訟規則第1編第5章第4節の規定（同規則第47条の規定を除く。）を準用する。この場合において、同規則第41条第2項中「訴状、答弁書又は支払督促に対する督促異議の申立書」とあるのは、「非訟事件の申立書、答弁書又は非訟事件手続法第20条第2項（同法第21条第3項において準用する場合を含む。）の書面」と読み替えるものとする。

■非訟規36条（書類の送付）

1　直送（当事者又は利害関係参加人（以下この条及び第45条第3項において「当事者等」という。）の他の当事者等に対する直接の送付をいう。以下この条及び第45条第3項において同じ。）その他の送付は、送付すべき書類の写しの交付又はその書類のファクシミリを利用しての送信によってする。

2　裁判所が当事者等その他の関係人に対し送付すべき書類の送付に関する事務は、裁判所書記官が取り扱う。

3　裁判所が当事者等の提出に係る書類の他の当事者等への送付をしなければ

34　民事調停手続に準用される場合における非訟法の各条にいう裁判所とは、調停機関としての調停委員会または単独裁判官、いずれの場合もあり得よう（民調22条、特調22条）。もとより、調査委員による調査報告の方法は、書面、口頭、その他、任意の方法によることが可能と解される。

ならない場合（送達をしなければならない場合を除く。）において、当事者等がその書類について直送をしたときは、その送付は、することを要しない。

４　当事者等が直送をしなければならない書類について、直送を困難とする事由その他相当とする事由があるときは、当該当事者等は、裁判所に対し、当該書類の他の当事者等への送付を裁判所書記官に行わせるよう申し出ることができる。

５　当事者等から前項の書類又は裁判所が当事者等に対し送付すべき書類の直送を受けた他の当事者等は、当該書類を受領した旨を記載した書面について直送をするとともに、当該書面を裁判所に提出しなければならない。ただし、同項の書類又は裁判所が当事者等に対し送付すべき書類の直送をした当事者等が、受領した旨を他の当事者等が記載した当該書類を裁判所に提出したときは、この限りでない。

解　説

１　書類の送付

⑴　概　要

（特定）調停手続において、手続上の書類を送付する制度としては、確実かつ安全ではあるが、厳格で費用が高額である「送達」と、より簡易な書類の送付制度である「送付」とが設けられている。

⑵　送　達

送達については、民訴法（特調22条、民調22条、非訟38条、民訴98条～113条）および民訴規（特調23条、特調規９条、民調規24条、非訟規35条、民訴規39条～46条）の規定が準用され、通常の民事訴訟手続における送達と同様の方法により送達が行われる。

もっとも、手続の簡易・迅速・低廉・柔軟を旨とする（特定）調停については、民事訴訟の場合と異なり、送達を要する書類につき明記する条文もなく、どのような場合に送達の方法によるのかは、調停委員会の裁量に委ねられている。

ところで、非訟法38条が準用する民訴法110条から113条の規定によれば、非訟事件手続においても公示送達を行うことは可能である。とはいえ、受送達者が現実に了知するか否かにかかわらず伝達の効力を発生させる公示送達は、当事者間の話合いによる解決（再生）を本質とする特定調停の性格に馴染みにくいであろう（特定調停の不成立（特調18条１項）または申立ての取下げ（特調22条、民調19条の２）による事件の終了も致し方ないかもしれない）。

⑶　送　付

（特定）調停手続においては、送達のほか、「直送その他の送付」という簡易な方法も認められている（非訟規36条、特調23条、特調規９条、民調規24条）。

ここに「直送」とは、当事者または参加人が主体となって、裁判所を介さずに、他の当事者または参加人に対して、直接、書類を送付することをいう（非訟規36条１項）。

また、直送以外の「送付」には、裁判所が作成した書類を当事者等に送付する場合や、当事者等が裁判所に提出した書類を裁判所が他の当事者等に送付する場合がある（非訟規36条２項・３項参照）。

直送その他の送付に係る具体的な方法としては、書類の写しの交付とファクシミリ送信という２種が定められている。書類の写しの交付は、郵送が一般的であるが、直接の手渡し、使送も認められている。送達の場合、書類の謄本または副本の交付が原則とされる（民訴規40条１項）が、送付の場合、写し（コピー）の交付で足りる。ファクシミリを利用した送付も認められており、迅速性、費用の節約などの点から、直送の場合には、この方法が広く活用されている。

書類の直送を受けた当事者等は、直送した当事者等および裁判所に書類を確実に受領した事実を伝えるため、原則として、受領書面を直送するとともに、裁判所にも受領書面を提出しなければならない（非訟規36条５項）。

なお、書類を受領する当事者等が、受領を拒絶したり、受領しつつその事実を否定したりして、手続の引き延ばしを図るような事態も想定されるため、当事者等が直送をするべき書類であっても、書記官による他の当事者等に対する送付の申出を行うことが可能とされている（非訟規36条４項）。

2　手続の中止

⑴　意　義

手続の中止とは、手続を行うことができないような障害が裁判所または当事者に生じた場合に、その障害が除去されるまでの間、手続の進行を停止することをいう[35]。その障害が裁判所に生じた場合には法律上当然に（民訴130条）、当事者に生じた場合には決定により（民訴131条）、中止される。

手続が中止されている期間中は、中止決定の取消し（民訴131条２項）以外には、手続行為を行うことはできず（民訴132条１項反対解釈[36]）、それが行われた場合には、原則として、違法かつ無効となる。

特定調停手続においても、民訴法の規定が準用され、以下の中止事由が発生した場合には手続が中止される（特調22条、民調22条、非訟38条、民訴130条～ 132条）。

⑵　裁判所の職務執行不能による中止

天災その他の事由によって裁判所が職務を行うことができないときは、手続は、その事由が消滅するまで中止する（民訴130条）。

大地震・水害等の天災または戦争・暴動・火災等により、事件の係属している裁判所が職務を行うことができない場合に、当然に手続が中止され、その後、裁判所が職務執行を再開したときに、中止事由は当然に消滅する。

⑶　当事者の故障による中止

当事者が不定期間の故障により調停手続を続行することができないときは、調停委員会は、決定で、中止命令を下すことができる（民訴131条[37]）。

「不定期間の故障」とは、社会通念上、手続の続行を不可能または著しく困難とする事情が発生し、それが比較的長期に及ぶことが予測されるが、そ

35　秋山幹男ほか『コンメンタール民事訴訟法Ⅱ〔第２版〕』532頁（日本評論社、2006年）。なお、訴訟手続の中断に相当する制度は設けられていない（非訟36条参照）。

36　なお、非訟法38条は、非訟事件の決定については、判決の言渡しに相当する手続上の行為が予定されていないことから、民訴法132条１項を準用の対象から除外している。

37　当事者が中止の申立権を有するのか、それとも職権発動を促すことができるにすぎないのかについては議論がある（金子編著・逐条解説155頁参照）。

の終期を確定できない場合を意味する[38]。具体的には、天災等の事由によって当事者が裁判所に出頭することが困難である場合、当事者が長期の治療を要する重病に疾患した場合等がこれにあたる。

この場合、前記(2)の場合と異なり、調停委員会の決定によってはじめて停止の効力が生じる。中止事由に該当するとしても、期日の延期や代理人選任等の方法により続行可能である場合には、調停委員会の裁量により、中止決定をしないことも可能である。

第３款　調停をしない場合

●特調11条（特定調停をしない場合）

特定調停においては、調停委員会は、民事調停法第13条に規定する場合のほか、申立人が特定債務者であるとは認められないとき、又は事件が性質上特定調停をするのに適当でないと認めるときは、特定調停をしないものとして、事件を終了させることができる。

●民調13条（調停をしない場合）

調停委員会は、事件が性質上調停をするのに適当でないと認めるとき、又は当事者が不当な目的でみだりに調停の申立てをしたと認めるときは、調停をしないものとして、事件を終了させることができる。

■特調規５条（当事者に対する通知・法第11条等）

民事調停規則（昭和26年最高裁判所規則第８号）第22条（当事者に対する通知）第１項の規定は、法第11条（特定調停をしない場合）又は第18条（特定調停の不成立）の規定により事件が終了した場合について準用する。

■民調規22条（当事者に対する通知）

1　法第13条若しくは第14条（これらの規定を法第15条において準用する場合を含む。）の規定により事件が終了したとき、又は法第18条第４項の規定により決定が効力を失ったときは、裁判所書記官は、当事者に対し、遅滞なく、

38　秋山ほか・前掲（注35）578頁。

その旨を通知しなければならない。
2　調停の申立ての取下げがあったときは、裁判所書記官は、その旨を相手方に通知しなければならない。
3　法第17条の決定がされた後に調停の申立ての取下げがあった場合において、相手方が申立ての取下げに同意したときは、裁判所書記官は、その旨を申立人に通知しなければならない。

解　説

1　趣　旨

特調法11条は、事件が特定調停に適さないと認められる場合等に、調停委員会が特定調停事件を終了させることができる旨を定めた規定であり、民調法13条に規定する要件に加えて、特定調停手続に特有の要件を規定している。[39]

2　終了事由該当性

(1)　申立人が特定債務者であるとは認められないとき

特定債務者とは、金銭債務を負っている者であって、①支払不能に陥るおそれのある法人または個人、②事業の継続に支障を来すことなく弁済期にある債務を弁済することが困難である事業者（法人または個人）、③債務超過に陥るおそれのある法人をいう（特調２条１項）が、すでに支払不能または債務超過が生じている場合（破産原因がある場合）もこれに該当するため、この終了事由に該当するのは、債務超過等の事態に至るおそれのない資力の十分な者である。

また、申立人が申立てに際して提出した資料（特調３条３項）その他の特定調停手続において収集された資料等によっても、申立人が特定債務者である

39　事業再生を企図する特定調停については、その申立てに先立つ裁判所との事前相談が運用上の要点とされ（序章・注23参照）、その段階において、特定調停に適しないか否か（いかに準備を進めれば適するようになるか）、一定程度の方向づけがされるものと思われる。なお、日弁連スキーム「手引1」第２の３参照。

かどうか不明である場合も、これに該当する[40]。

⑵　事件が性質上特定調停をするのに適当でないと認めるとき

①特定債務者の事業や負債の規模等により、特定調停手続によったのでは特定債務者の資産・債務の状況等に係る事実関係を明らかにすることが期待できないような場合、②一部の債権者が弁済を受けており、これを取り戻す必要があるなど、話合いによる調停手続によっては公正妥当で経済合理性を有する内容の合意を成立させることが困難である場合など、強制的な資産等の調査のしくみ等が用意されている倒産手続によって処理されることがふさわしい事案がこれにあたる[41]。

⑶　事件が性質上調停をするのに適当でないと認めるとき

調停の客体（事件）について、たとえば賭博金の請求など調停を求める事件の内容自体が法令や公の秩序または善良な風俗に反し（民法90条）、調停をすることが不適当と認められる場合や、主として事件の内容が法規や条理に照らして調停をするのに適しないと認められる場合、また権利の行使が法律上義務づけられていて性質上互譲の余地がないような場合をいう。

⑷　当事者が不当な目的でみだりに調停の申立てをしたと認めるとき

調停の主体（当事者）について、濫用など調停の利益がない場合であり、たとえば単に執行手続を延期させることを目的とする申立てなど、事件の申立てをした当事者の動機・目的に照らして、調停をするのに適しないと認める場合やその動機・目的が判然としない場合でも、信義則に反した調停申立てと認められる場合をいう。

3　事件終了の審理と判断

特調法11条は、「事件を終了させることができる」と規定しているが、同条が掲げる要件は、申し立てられた事件について、調停または特定調停を利用すべき利益または必要がない場合を定めたものであることから、同条の要件に該当することが明らかである限り、調停委員会は、本条に従い、事件を

40　一問一答85頁。
41　一問一答85頁。なお、日弁連スキーム「手引1」第1の5⑶参照。

終了させるべきと解されている[42]。

他方で、調停の申立てが本条の要件に該当するかどうかが明確でないときは、期日を開始して当事者に対し釈明を求める等したうえ、調停の成立に努力するのが相当とされている[43]。

調停委員会が調停をしないものとして事件を終了させる場合、特に裁判所の調停申立ての却下決定を要することなく事件は終了する。この認定と判断が調停期日にされたときは、その旨を記載した調停調書が作成され、出頭した当事者には口頭で告知し、不出頭の当事者にはその旨の通知がされる。また、期日外でされたときには、その旨の通知が当事者にされることになる（特調規５条、民調規22条）。

調停委員会による終了の措置に対しては、その性質が裁判でないことから、不服申立ての方法はないと解されている[44]。

第４節　調書の作成と記録の閲覧

Ⅰ　調書の作成

●民調12条の５（調書の作成）

裁判所書記官は、調停手続の期日について、調書を作成しなければならない。ただし、調停主任においてその必要がないと認めるときは、この限りでない。

■民調規11条（期日調書の形式的記載事項）

１　法第12条の５の調書（次項及び次条において「期日調書」という。）には、次に掲げる事項を記載しなければならない。

一　事件の表示

二　調停主任又は民事調停官、民事調停委員及び裁判所書記官の氏名

三　出頭した当事者、参加人、代理人、補佐人、通訳人及びその他の関係人

42　一問一答86頁。
43　石川＝梶村201頁。
44　東京地決平成９・８・28判タ971号256頁、大阪地決平成14・３・12判タ1126号278頁。

の氏名

四　期日の日時及び場所

2　期日調書には、裁判所書記官が記名押印し、調停主任が認印しなければならない。

3　前項の場合において、調停主任に支障があるときは、裁判所書記官がその旨を記載すれば足りる。

■民調規12条（期日調書の実質的記載事項）

期日調書には、手続の要領を記載し、特に、次に掲げる事項を明確にしなければならない。

一　申立ての趣旨又は紛争の要点の変更、申立ての取下げ及び法第16条の合意

二　法第13条又は第14条の規定による事件の終了

三　証拠調べの概要

四　調停主任が記載を命じた事項及び当事者の請求により記載を許した事項

五　書面を作成しないでした裁判

参考条文：非訟31条（調書の作成等）、非訟規19条（期日調書の形式的記載事項・法第31条）、20条（期日調書の実質的記載事項・法第31条）、21条（期日及び期日調書に関する民事訴訟規則の準用・法第31条）

解　説

1　調書の意義

民調法12条の５は、調停手続における調書作成の原則を明らかにしたものである。特定調停における調書の作成については、特調法に個別の規定はなく、非訟法31条に関する「特別の定め」（民調22条参照）として、民調法12条の５の規定が適用される。[45]

45　ちなみに、非訟法31条は、「裁判所書記官は、非訟事件の手続の期日について、調書を作成しなければならない。ただし、証拠調べの期日以外の期日については、裁判長においてその必要がないと認めるときは、その経過の要領を記録上明らかにすることをもって、これに代えることができる」と定める。

調書とは、一般に、手続の経過や事実を記録した書類をいうが、法定の手続との関係では、その作成の権限を有する者が一定の場合に法定の事項を記載した書類で、後日の証拠となり、また、裁判の資料となりうるものをいうと解される。

調停手続においては、調停についての事件の経過を明らかにし、特に調停が成立したとき調停条項を録取してこれを明確にするため裁判所書記官が作成する書面をいう。実務的には、前者を経過調書といい、後者を調停調書と呼ぶことが多い。調停調書では、その記載は裁判上の和解と同一の効力を有し債務名義となる。

2　調書の内容

⑴　形式的記載事項

民調規11条１項は、調書における形式的記載事項を定める。同条は、非訟規19条（期日調書の形式的記載事項）に対する特則としての規定である。

調書の作成者は、裁判所書記官である。調書は、作成者たる裁判所書記官がその末尾に記名押印し、作成した調書に調停主任の押印を得て作成が完了する（民調規11条２項）。

ただし、調停主任に支障があるときは、裁判所書記官がその旨を記載すれば足りる（民調規11条３項）。

⑵　実質的記載事項

民調規12条は、調書における実質的記載事項を定める。同条は、非訟規20条（期日調書の実質的記載事項）に対する特則としての規定である。

民調規12条３号にいう「証拠調べの概要」とは、証拠調べの結果をごく概括的に記載したものをいい、労働審判規則25条６号と同趣旨である。

調書に証拠調べの概要を記載する場合、証拠関係の目録や証人調書等を作成する必要はなく、手続の要領欄に簡潔に記載すればよい。

3　調書作成の原則と例外

⑴　原　則

調停手続の期日においては、調書を作成しなければならない（民調12条の５本文）。調書が作成されるのは、調停の手続が適正に行われることを担保し、その経過と内容を明らかにするためである。

調停成立（民調16条）や調停不成立（民調14条）、調停手続の過程において、当事者間で中間的な合意や事実確認（共通認識）が得られた場合、第三者からの事情聴取、専門的知識経験に基づく意見の聴取、現地調査等の事実調査を記録化する必要がある場合、証拠調べ等の重要な手続が行われた場合などに、調書が作成されることになる。

⑵　例　外

上述の原則にかかわらず、実務上は、調書の作成が省略されることが多い（民調12条の５ただし書）。ただし、その場合でも、期日経過表を作成している取扱いが多い。

期日経過表は、調停委員会が調停事件の経過を把握するためのメモであり、通例、事件の表示、出頭した当事者等の氏名、期日の日時、その期日に行われた事項の要旨、次回期日の日時および予定等が記載されている。

期日経過表は調書ではないため、記録の閲覧、謄写（民調12条の６）の対象となる調停記録には含まれない。法定された作成者もなく、実務では、裁判所書記官または民事調停委員が作成し、また、期日経過表の確認欄に裁判所書記官（および調停主任裁判官）がチェックしたり、押印したりする取扱いもあるようである。

Ⅱ　記録の閲覧

●民調12条の６（記録の閲覧等）

１　当事者又は利害関係を疎明した第三者は、裁判所書記官に対し、調停事件の記録の閲覧若しくは謄写、その正本、謄本若しくは抄本の交付又は調停事件に関する証明書の交付を請求することができる。
2　民事訴訟法（平成８年法律第109号）第91条第４項及び第５項の規定は、前項の記録について準用する。

参考条文：非訟32条（記録の閲覧等）非訟規22条（非訟事件の記録の正本等の様式・法第32条）

解　説

1　概　要

民調法12条の６は、記録の閲覧等についての原則を定める。特定調停における記録の閲覧等については、特調法に個別の規定はなく、非訟法32条に関する「特別の定め」（民調22条参照）として、民調法12条の６の規定が特定調停に適用されるものである。[46]

具体的には、当事者または利害関係を疎明した第三者は、裁判所書記官に対して、その記録の閲覧、謄写や正本、謄本、抄本の交付、調停事件に関する証明書の交付を請求でき（民調12条の６第１項）、非訟法の規定と異なり、この場合に裁判所の許可は不要である。同条にいう第三者の利害関係とは、法律上の利害関係をいう。

なお、調停事件に関する証明書とは、調停不成立等証明書や調停終了証明書である。

2　民訴法の準用

調停事件記録中にビデオテープ、録音テープ等がある場合には、その複製を請求することもできる（民調12条の６第２項、民訴91条４項）。非訟法の規定と異なり、この場合に裁判所の許可は不要である。調停記録中の録音テープまたはビデオテープ等については、書類ではないため、謄写や正本等の交付が困難であることから、それに代えて、当事者等は請求により複製をすることができるとされたものである。

加えて、民調法においては、調停事件記録の閲覧、謄写、複製は、調停記録の保存または裁判所の執務に支障があるときはすることができない（民調12条の6第2項、民訴91条5項）とされるものの、非訟法と異なり、一般的な例外要件はない。裁判所の執務に支障があるときとは、調停記録を調停委員会の評議に使用している場合等である。調停記録の保存または裁判所の執務に支障があるかどうかは、裁判所書記官が判断する。

3　記録閲覧等申請の拒絶に対する不服申立て

裁判所書記官が記録閲覧等の申請を拒絶した処分に対しては、異議の申立てをすることができ、異議の申立てについての裁判に対しては、即時抗告をすることができる（民調22条による非訟39条の準用。非訟32条は非準用）。

46　ちなみに、非訟法32条は、次のように規定する。すなわち、「1　当事者又は利害関係を疎明した第三者は、裁判所の許可を得て、裁判所書記官に対し、非訟事件の記録の閲覧若しくは謄写、その正本、謄本若しくは抄本の交付又は非訟事件に関する事項の証明書の交付（第112条において『記録の閲覧等』という。）を請求することができる。　2　前項の規定は、非訟事件の記録中の録音テープ又はビデオテープ（これらに準ずる方法により一定の事項を記録した物を含む。）に関しては、適用しない。この場合において、当事者又は利害関係を疎明した第三者は、裁判所の許可を得て、裁判所書記官に対し、これらの物の複製を請求することができる。　3　裁判所は、当事者から前2項の規定による許可の申立てがあった場合においては、当事者又は第三者に著しい損害を及ぼすおそれがあると認めるときを除き、これを許可しなければならない。　4　裁判所は、利害関係を疎明した第三者から第1項又は第2項の規定による許可の申立てがあった場合において、相当と認めるときは、これを許可することができる。　5　裁判書の正本、謄本若しくは抄本又は非訟事件に関する事項の証明書については、当事者は、第1項の規定にかかわらず、裁判所の許可を得ないで、裁判所書記官に対し、その交付を請求することができる。裁判を受ける者が当該裁判があった後に請求する場合も、同様とする。　6　非訟事件の記録の閲覧、謄写及び複製の請求は、非訟事件の記録の保存又は裁判所の執務に支障があるときは、することができない。　7　第3項の申立てを却下した裁判に対しては、即時抗告をすることができる。　8　前項の規定による即時抗告が非訟事件の手続を不当に遅滞させることを目的としてされたものであると認められるときは、原裁判所は、その即時抗告を却下しなければならない。　9　前項の規定による裁判に対しては、即時抗告をすることができる」。

平成23年改正前の旧非訟法には、非訟事件の手続における非訟事件の記録の閲覧等についての規定がなく、全面的に裁判所の裁量に委ねられていたところ、同改正法においては、記録の閲覧・謄写は、当事者等への手続保障の根幹をなすものという理解のもと、裁判所の許可にかからしめつつ、自ら裁判資料を提出し、または裁判所が収集した資料に対し反論するために必要な手続追行の機会を実質的に保障するため、当事者については、原則として記録の閲覧等を許可するものとされた次第である（非訟32条1項から3項まで）。

第５章　事実の調査と証拠調べ

第１節　職権審理

●民調12条の７（事実の調査及び証拠調べ等）

1　調停委員会は、職権で事実の調査をし、かつ、申立てにより又は職権で、必要と認める証拠調べをすることができる。

2　調停委員会は、調停主任に事実の調査又は証拠調べをさせることができる。

●非訟49条（事実の調査及び証拠調べ等）

1　（略）

2　当事者は、適切かつ迅速な審理及び裁判の実現のため、事実の調査及び証拠調べに協力するものとする。

●非訟53条（証拠調べ）

1　非訟事件の手続における証拠調べについては、民事訴訟法第２編第４章第１節から第６節までの規定（同法第179条、第182条、第187条から第189条まで、第207条第２項、第208条、第224条（同法第229条第２項及び第232条第１項において準用する場合を含む。）及び第229条第４項の規定を除く。）を準用する。

2　前項において準用する民事訴訟法の規定による即時抗告は、執行停止の効力を有する。

3　当事者が次の各号のいずれかに該当するときは、裁判所は、20万円以下の過料に処する。

一　第１項において準用する民事訴訟法第223条第１項（同法第231条において準用する場合を含む。）の規定による提出の命令に従わないとき、又は正当な理由なく第１項において準用する同法第232条第１項において準用する同法第223条第１項の規定による提示の命令に従わないとき。

二　書証を妨げる目的で第１項において準用する民事訴訟法第220条（同法

第231条において準用する場合を含む。）の規定により提出の義務がある文書（同法第231条に規定する文書に準ずる物件を含む。）を滅失させ、その他これを使用することができないようにしたとき、又は検証を妨げる目的で検証の目的を滅失させ、その他これを使用することができないようにしたとき。

4　当事者が次の各号のいずれかに該当するときは、裁判所は、10万円以下の過料に処する。

一　正当な理由なく第１項において準用する民事訴訟法第229条第２項（同法第231条において準用する場合を含む。）において準用する同法第223条第１項の規定による提出の命令に従わないとき。

二　対照の用に供することを妨げる目的で対照の用に供すべき筆跡又は印影を備える文書その他の物件を滅失させ、その他これを使用することができないようにしたとき。

三　第１項において準用する民事訴訟法第229条第３項（同法第231条において準用する場合を含む。）の規定による決定に正当な理由なく従わないとき、又は当該決定に係る対照の用に供すべき文字を書体を変えて筆記したとき。

5　裁判所は、当事者本人を尋問する場合には、その当事者に対し、非訟事件の手続の期日に出頭することを命ずることができる。

6　民事訴訟法第192条から第194条までの規定は前項の規定により出頭を命じられた当事者が正当な理由なく出頭しない場合について、同法第209条第１項及び第２項の規定は出頭した当事者が正当な理由なく宣誓又は陳述を拒んだ場合について準用する。

7　この条に規定するもののほか、証拠調べにおける過料についての裁判に関しては、第５編の規定（第119条の規定並びに第120条及び第122条の規定中検察官に関する部分を除く。）を準用する。

■民調規13条（事実の調査）

1　調停委員会は、相当であると認めるときは、当該調停委員会を組織する民事調停委員に事実の調査をさせることができる。

2　調停主任は、調停委員会の決議により、裁判所書記官に事実の調査をさせることができる。

■非訟規45条（証拠調べ・法第53条）

1　非訟事件の手続における証拠調べについては、民事訴訟規則第2編第3章第1節から第6節までの規定（同規則第99条第2項、第100条、第101条、第121条及び第139条の規定を除く。）を準用する。この場合において、これらの規定中「直送」とあるのは「非訟事件手続規則第36条第1項の直送」と、同規則第129条の2中「口頭弁論若しくは弁論準備手続の期日又は進行協議期日」とあるのは「非訟事件の手続の期日」と、同規則第140条第3項中「第99条（証拠の申出）第2項」とあるのは「非訟事件手続規則第45条第3項」と読み替えるものとする。

2　法第53条第5項の規定により出頭を命じられた当事者が正当な理由なく出頭しない場合には、民事訴訟規則第111条の規定は、前項において準用する同規則第127条ただし書の規定にかかわらず、当該当事者の勾引について準用する。

3　当事者等が第1項において準用する民事訴訟規則第99条第1項の証拠の申出を記載した書面を裁判所に提出する場合には、当該書面について直送をしなければならない。

参考条文：民調規14条（意見の聴取の嘱託）、15条（嘱託に係る事実の調査等の調停委員等による実施）、16条（調査の嘱託）、17条（調停委員会の嘱託の手続）、18条（専門的な知識経験に基づく意見の聴取）、非訟50条（疎明）

解　説

1　職権探知主義

民事調停一般において、当事者を効果的に説得し、条理にかない実情に即した紛争解決を図るためには（民調1条）、事案の真相を解明する必要がある。また、事案の解明後に解決の合意をするかどうかは各当事者の自由意思で決められるのであるから、必ずしも弁論主義に拘束される必要はない[1]。

さらに、特定調停手続においては、調停委員会は、調停条項案が「特定債務者の経済的再生に資するとの観点から、公正かつ妥当で経済合理性を有す

1　下町和雄「民事調停の問題点」岡久幸治ほか編『新・裁判実務大系㉖簡易裁判所民事手続法』486頁～487頁（青林書院、2005年）、石川＝梶村552頁。

る内容のもの」であるかを判断する必要がある（特調18条１項）。場合によっては、調停委員会がそのような調停条項案または調停条項を定めることもある（特調15条、17条１項）。

そのため、特定調停手続においては、職権探知主義が原則とされている。具体的には、調停委員会は、①職権で「事実の調査」をし、かつ、②申立てによりまたは職権で、必要と認める「証拠調べ」をすることができる（特調22条、民調12条の７第１項）。

なお、特調法の成立時は、職権による事実の調査と職権による証拠調べのみが定められていたが（特調旧13条）、その後の改正により、証拠調べについて当事者による申立権が明記されるとともに（特調22条、民調12条の７第１項）、当事者（債権者を含む）も事実の調査および証拠調べに協力するものとされた（特調22条、民調22条、非訟49条２項。さらに特調10条）[2]。

2　事案解明の方法

(1)　事実の調査

「事実の調査」とは、調停を行ううえで必要な実情を把握するための調査を、強制力を用いず、特別な方式によらずに自由な方法により行うことをいう。特定調停では、証拠調べよりも事実の調査のほうが多く利用され、当事者や参考人からの事情聴取、書証、意見聴取、実地見分などさまざまな方法で機動的に行われている[3]。強制力がないので、原則として、証人尋問におけるような偽証罪等の制裁はない[4]。（当事者の関与なく）事実の調査を行った場合には、手続保障の観点から、その結果を当事者に告知することが望ましいと

2　この改正は、平成23年に非訟法が成立したことに伴い、非訟事件手続法及び家事事件手続法の施行に伴う関係法律の整備等に関する法律（平成23年法律第53号）により、民調法12条の７第１項が新設されるとともに、当事者による申立権を定めていなかった民調規旧12条１項および特調法旧13条が削除されたものである。なお、民調法12条の７第１項は、非訟法49条１項の特則にあたるので、後者の条項は民事調停・特定調停には準用されない（金子編著・一問一答197頁。なお、民調15条参照）。

3　全国倒産処理弁護士ネットワーク編『私的整理の実務Ｑ＆Ａ140問』220頁〔清水祐介〕（金融財政事情研究会、2016年）等。

4　石川＝梶村553頁。

される[5]。

(2) 証拠調べ

「証拠調べ」とは、民訴法に定める一定の方式に従ってされる証拠収集の手続であり、証人尋問、当事者尋問、鑑定、書証（文書の提出、文書送付嘱託、文書提出命令）、検証等の方法がある（なお、非訟50条参照）。実務上、特定調停手続においては、事実の調査が多く利用されており、証拠調べ手続が実施されることは稀なようである[6]。

特定調停手続における証拠調べの手続には、基本的に民訴法の規定が準用される（特調22条、民調22条、非訟53条1項）。ただし、非訟事件の性質に鑑み、自白の規定（民訴179条）や、当事者が文書提出命令等に反して訴訟資料の提供を拒んだ場合の真実擬制の規定（同法208条、224条、229条4項）等は準用されない（非訟53条1項かっこ書）[7]。

第2節　文書等の提出

●特調12条（文書等の提出）

調停委員会は、特定調停のために特に必要があると認めるときは、当事者又は参加人に対し、事件に関係のある文書又は物件の提出を求めることができる。

■特調規6条（文書の提出を求める場合の制裁の告知等・法第12条）

1　調停委員会は、法第12条（文書等の提出）の規定により文書又は物件の提出を求める場合には、同時に、その違反に対する法律上の制裁を告知しなければならない。

2　調停委員会は、必要があると認めるときは、法第12条の規定により提出された文書又は物件を裁判所に留め置くことができる。

5　民事調停実務研究会編『最新民事調停事件の申立書式と手続〔三訂版〕』37頁（新日本法規出版、2013年）。なお、義務ではなく、非訟法52条も民事調停には準用されない（民調22条）。

6　なお、民事調停一般においては、不動産の価額や賃料額が問題になった事案の一部で鑑定が行われることもあるが、それ以外はやはり稀なようである（下町・前掲（注1）488頁～489頁）。

7　真実擬制がない代わりに、過料の制裁が定められている（非訟53条3項・4項）。なお、特調法24条もこれと同趣旨である（一問一答90頁）。

解　説

1　趣　旨

本条は、特定調停において、申立人である特定債務者の負担する債務の額やその支払能力等に関する事実関係の把握がとりわけ重要であることから、調停委員会において、特定調停のために特に必要があると認めるときは、当事者または参加人に対し、事件に関係のある文書または物件の提出を求めることができることを定めた規定である。

なお、これに「正当な理由」なく違反する場合、特調法24条に基づき過料の制裁が科される可能性がある。元利金の過払い状況の解明に不可欠な取引経過の情報開示に非協力的な貸金業者の問題がかねて指摘されてきたことから、手続の実効性の見地から設けられたものである。

2　要　件

「特定調停のために特に必要があると認めるとき」とは、債務者の資力や債務の状況、残債務額といった、特定調停のために明らかにすべき重要な事実関係であって、特定調停の成否にも大きな影響を及ぼすものについて、文書等の提出命令によって資料を収集することが当該事実関係を確定するために必要であると判断される場合をいう[8]。この点、特定調停において貸金が存在しない旨を自認した債権者に対して発令された取引明細書等に係る文書提出命令につき、本条に基づく「特定調停のために特に必要がある」との発令要件を欠く等と判示した裁判例がある[9]。

3　手　続

文書等の提出を求めるのは調停委員会である。調停委員会が文書等の提出を求める場合、違反した場合に特調24条に基づく過料の制裁について告知

8　一問一答89頁。
9　大阪高決平成15・5・27金判1204号50頁。

しなければならない（特調規6条1項）。

提出命令の対象となる当事者は、調停の申立人および相手方である（民調2条、19条、3条）。また、参加人とは、民調11条の規定によって調停手続に参加した者であり、任意参加（民調11条1項）と強制参加（同条2項）とがある。

提出命令の対象となる「事件に関係のある文書又は物件」とは、たとえば、当該事実関係を確定するための契約書、帳簿等である。調停委員会は、必要があると認めるときは、本条により提出された文書または物件を裁判所に留め置くことができる（特調規6条2項）。

4　民訴法上の文書提出命令との関係

調停手続において、民訴法上の文書提出命令（民訴223条）を発出することもできる。ただ、その場合も、いわゆる真実擬制に関する規定（民訴224条）の準用はない（特調22条、民調22条、非訟53条1項かっこ書）。

第3節　意見聴取と調査嘱託

●特調13条　削除[10]

●特調14条（官庁等からの意見聴取）

1　調停委員会は、特定調停のために必要があると認めるときは、官庁、公署その他適当であると認める者に対し、意見を求めることができる。

2　調停委員会は、法人の申立てに係る事件について特定調停をしようとするときは、当該申立人の使用人その他の従業者の過半数で組織する労働組合があるときはその労働組合、当該申立人の使用人その他の従業者の過半数で組織する労働組合がないときは当該申立人の使用人その他の従業者の過半数を代表する者の意見を求めるものとする。

●非訟51条（事実の調査の嘱託等）

1　裁判所は、他の地方裁判所又は簡易裁判所に事実の調査を嘱託すること

10　削除前条文は「調停委員会は、特定調停を行うに当たり、職権で、事実の調査及び必要であると認める証拠調べをすることができる」である。民調12条の7参照。

ができる。

2　前項の規定による嘱託により職務を行う受託裁判官は、他の地方裁判所又は簡易裁判所において事実の調査をすることを相当と認めるときは、更に事実の調査の嘱託をすることができる。

3　裁判所は、相当と認めるときは、受命裁判官に事実の調査をさせることができる。

4　前3項の規定により受託裁判官又は受命裁判官が事実の調査をする場合には、裁判所及び裁判長の職務は、その裁判官が行う。

■民調規14条（意見の聴取の嘱託）

調停委員会は、地方裁判所又は簡易裁判所に紛争の解決に関する事件の関係人の意見の聴取を嘱託することができる。

■民調規15条（嘱託に係る事実の調査等の民事調停委員等による実施）

1　法第22条において準用する非訟事件手続法（平成23年法律第51号）第51条第1項又は第2項の規定による嘱託を受けた裁判所は、相当であると認めるときは、民事調停委員又は裁判所書記官に当該嘱託に係る事実の調査をさせることができる。

2　前条の規定による嘱託を受けた裁判所は、相当であると認めるときは、民事調停委員に当該嘱託に係る意見の聴取をさせることができる。

■民調規16条（調査の嘱託）

調停委員会は、必要な調査を官庁、公署その他適当であると認める者に嘱託することができる。

■民調規17条（調停委員会の嘱託の手続）

調停委員会がする嘱託の手続は、裁判所書記官がする。

■民調規18条（専門的な知識経験に基づく意見の聴取）

1　調停委員会は、必要があると認めるときは、当該調停委員会を組織していない民事調停委員の専門的な知識経験に基づく意見を聴取することができる。

2　調停委員会が前項の規定により意見を聴取することとしたときは、裁判所は、意見を述べるべき民事調停委員を指定する。

3　前項の規定による指定を受けた民事調停委員は、調停委員会に出席して意見を述べるものとする。

参考条文：民調8条（民事調停委員）

解　説

1　意見聴取

⑴　官庁等からの意見聴取

調停委員会は、特定調停のために必要があると認めるときは、官庁、公署、その他、適当であると認める者に対し、意見を求めることができる（特調14条1項）。その趣旨は、特定債務者の経済的再生の可能性、債権者の譲歩についての経済的合理性の判断のためには、必要な情報等を有するとみられる官庁等から意見を聴くことも有用であるからである[11]。意見を求める相手としては、特定債務者の事業を所管する行政庁、公租公課の徴収権限を有する者、特定調停手続に参加していない関係権利者等の利害関係人等が考えられる[12]。

なお、この意見聴取は、民調規16条の調査嘱託（後記2）の延長線上にあるものと考えられる[13]。

⑵　労働組合等からの意見聴取

調停委員会は、特定債務者が法人である場合、従業者の過半数で組織する労働組合があるときはその労働組合、ないときは従業者の過半数を代表する者に対し、その意見を求めることとされている（特調14条2項）。その趣旨は、特定債務者の事業の再生の進め方は、従業者の雇用契約関係に大きな影響を及ぼすものであり、また、事業の再生には従業者の協力が必要不可欠であることから、従業者の意見を集団的に聴く機会を設けたものである。意見を求めれば足り、労働組合等から意見が述べられなくてもよく、また、調停委員会が意見に拘束されるものでもない。ただ、事業再生計画案の遂行可能性の面から、特定調停上の合意の要件（特調18条1項等）の判断にあたって重要な要素となると考えられる[14]。

11　一問一答94頁。
12　一問一答94頁。なお、会社更生法8条3項参照。
13　林道晴「いわゆる特定調停法・同規則の制定とその運用について」判タ1017号42頁（注20）。

なお、この意見聴取は、民調法８条１項等が定める「紛争の解決に関する事件の関係人の意見の聴取」にも関連するものと思われ、また、再生型の法的整理において、その申立て（民再24条の２、会更22条１項）、事業譲渡等（民再42条３項、会更46条３項３号。なお、破産78条４項）、および計画案の提出（民再168条、会更188条）にあたり、労働組合等の意見を聴取する旨の定めが設けられている趣旨を、特定調停にも敷衍しようとするものと解されよう。

2　調査嘱託

(1)　概　要

調停委員会は、官庁、公署その他適当であると認める者に対し、必要な調査を嘱託することができる（特調規９条、民調規16条[15]）。これは、調停委員会による職権探知の方法として、事実の調査の一環で行使できる権限である。当事者の申立てによってでも職権でも、期日前でも後でも行うことができる。相手方は、民訴法上の調査嘱託とは異なり、団体のみならず自然人も含まれると解される。被嘱託者が有する資料・設備などを利用して簡便に必要な事実調査報告を得ようとする制度である[16]。

14　一問一答95頁～96頁。

15　なお、平成23年の非訟法成立に伴う民調規の改正により、調査嘱託の規定は13条から16条へと繰り下がった。その他、改正前の民調規12条から14条の内容は、次のように移動・変化した。

改正前	改正後
民調規12条１項	民調12条の７第１項（当事者の申立権も追加）
民調規12条２項前半	民調12条の７第２項
民調規12条２項後半	非訟51条１項等
民調規12条３項	民調規13条１項
民調規12条４項	非訟53条１項（詳細化）
民調規12条の２	民調規14条
民調規12条の３	民調規15条１項（裁判所書記官も追加）
民調規13条	民調規16条
民調規13条の２	民調規17条
民調規14条	民調規18条

⑵ 事業再生における手続運用の類型[17]

この調査嘱託の制度は、一部の特定調停手続（法人の事業再生を目的とする比較的大規模で複雑な事案等）において、実務上、重要な役割を与えられている。

すなわち、そのような事案では、適切な調停のために、調停委員会に事業再生の知識と経験を有する弁護士・公認会計士・税理士を加える方法がまず考えられる（調停委員会型）。

あるいは、そのような事案においては、特定調停の申立て前に私的整理の協議による対象債権者の合意が概ねできており、事業再生計画案の合理性等を判断すれば足りる場合や、申立人の資金繰りが長く続かないなど手続の迅速が要請される場合も多い。そのため、調停委員会は裁判官１名とし、事業再生に通じた弁護士に調査嘱託を行い、同弁護士は、必要に応じて公認会計士を補助者としつつ、調査事項に対する調査および報告を行うという方法（単独調停型）も広く活用されている。

また、それらの複合型もあり得る[18]。

⑶ 調査嘱託先弁護士の活動内容

調査嘱託事項としては、特定債務者作成の事業再生計画案の合理性、弁済計画の遂行可能性、弁済額と清算配当との比較等が含まれることが多い。そのほか、事案によっては、債権者が、隠匿資産の有無、他の金融機関への偏頗弁済や担保提供の有無、コンプライアンス体制の整備状況等の事項に関する調査を希望する場合もあった由である[19]。

16　石川＝梶村562頁～ 563頁。

17　以下の本文のほか、第４章第１節Ｉ２および３（民調５条）も参照。

18　東京地方裁判所における従前からの運用については、鹿子木65頁～ 66頁等。大阪地方裁判所の運用については、千賀卓郎「大阪地方裁判所における事業再建型特定調停事件の概要」金法2087号44頁～ 45頁、増市徹「司法型倒産ADRとしての特定調停――その意義と問題点」銀法821号35頁～ 36頁、川畑正文ほか７名編『はい６民です　お答えします〔第２版〕』643頁以下等。その他、全国倒産処理弁護士ネットワーク・前掲（注３）226頁～ 228頁〔髙井章光＝中森亘〕等。なお、東京地裁「新運用」（序章・注23参照）においては、調停機関の構成いかんにかかわらず、「事業再生に係る計画案の相当性等について、第三者的立場からのセカンドオピニオンを得ることができる」契機として、調査嘱託を基本とする由である（江原ほか・NBL36頁（本文７⑵）、江原ほか・金法25頁（本文７⑵））。

19　鹿子木66頁。

調査嘱託先弁護士の調査活動としては、事業再生計画案を精査し、提出された証拠に基づく調査を行うほか、関係者（特定債務者、債権者、準則型私的整理手続が先行していた場合はその実施者等）から事情聴取をしたり、特定債務者の事業所に赴いて資料の提出を求めることもある。

そのうえで、調査嘱託先弁護士は期日における調査報告を行い、必要に応じ、調査報告書を作成する。調査報告（書）の内容は、事案にもよるが、①実態債務超過の有無・額、②窮境に陥った経緯・原因・除去策、③将来の再生計画（資金計画、損益計画、債務免除益等の税務処理）の相当性・実現可能性、④詐害行為・相殺禁止・役員損害賠償事由、⑤弁済計画案の公平性・清算価値保証等について検証することが多いかと思われる[20]。調査報告書は、債務者作成の事業再生計画案が「公正かつ妥当で経済合理性を有する内容のもの」（特調18条１項）であるかを判断する重要な資料として機能する。

また、調査嘱託先弁護士は、第１回調停期日から調停期日に立ち会うことが通例であり、事案によっては、特定債務者と債権者との調整活動を行うこともある。

⑷　スケジュール

調査嘱託が適当と思われる事案において、早期に調停を成立させるためには、債務者が申立て前に裁判所への事前相談を行ったうえで、特定調停の申立てと同時に調査嘱託の申立てを行い、その直後に調査嘱託先弁護士が選任されて活動を始めたうえで、第１回期日が開催される必要がある。第１回期日では債権者から意見聴取のうえ調査事項を確定し、第２回期日では調査嘱託先弁護士から調査事項の調査結果の説明がされたうえで債務者から調停条項案が提示され、第３回期日では債権者から調停条項案に対する回答がされ、場合によっては17条決定がされ、それが２週間で確定する、という流れが最短の手続スケジュールだと思われる。

このようなスケジュールの場合、最短で申立てから２カ月で確定可能だが、

20　この点、特定調停手続前に相応に私的整理の協議が遂げられている場合（とりわけ準則型手続により所要の調査と検証を経ている場合）には、調査嘱託事項もまた厳選される（べき）ことになろう。

実際には債権者との調整に時間を要する場合もある。[21]

⑸　費　用

調査嘱託がされる場合には、調査嘱託先弁護士の報酬・費用にあてるため、通常の申立手数料とは別途に、予納金の納付が必要とされる。予納金の額は、裁判所において、調査の難易度や調査期間の長短を考慮して個別に決定されるが、目安として、仮に民事再生事件を申し立てた場合の予納金の額（主に監督委員および補助者の報酬・費用にあてられる）が上限とされることが多いようである。[22]

この点に関し、資力の少ない中小企業には特定調停が利用しづらい面がある旨、指摘されている。[23] これを克服するため、特定調停の実務上、事案に応じた調査の簡素化および予納金の低減の運用も検討されているようである。[24]

また、いわゆる日弁連スキームでは、比較的小規模な企業（年商20億円以下、負債10億円以下）を念頭に、特定債務者側で事業DD・財務DDを行ったうえで事業再生計画案を策定し、特定調停においては専門家の事業DD・財務DDは行わないことで、専門家費用が２回（策定段階と検証段階）発生することを抑えようとしている。[25]

3　裁判所内・裁判所間における調査手続等

⑴　事実の調査等の嘱託等

意見聴取や事実の調査は、本来、調停委員会が主体となって行うものであるが、調停委員会がこれらを他の主体に委ねることも認められている。たと

21　なお、東京地裁「新運用」スケジュールにつき、序章３（注27）、日弁連スキーム（序章・注19）の場合につき、同「手引１」第２の５、各参照。

22　千賀・前掲（注18）43頁。なお、東京地裁「新運用」における予納金の額に関する指針につき、序章４⑶（注34）参照。

23　その点に加え、中小企業においては債権者金融機関が再生を主導することが多いという事情から、現状では、中小企業の事業再生手続としては、金融機関出身者の多い中小企業再生支援協議会による私的再生手続が利用されやすい傾向にあるようである。同手続においても、本格的な案件では、特定調停の運用においての調査嘱託先弁護士等に相当する専門家が選任されるが、その専門家費用の一部（半額など）は公費で補助され、残額は債務者が負担することとなっている。

24　増市・前掲（注18）36頁。

えば、①調停委員会等は、事実の調査を、当該調停委員会内の民事調停委員や、裁判所書記官にさせることができる（特調規９条、民調規13条）。また、②調停委員会は、意見聴取および事実の調査を他の地方裁判所または簡易裁判所に嘱託することができる。同裁判所はこれを他の地方裁判所もしくは簡易裁判所に嘱託し、または受命裁判官、民事調停委員もしくは裁判所書記官にさせることができる（特調22条、民調22条、非訟51条。特調規９条、民調規14条、15条）[26]。

⑵　他の民事調停委員からの専門的な意見の聴取

調停委員会は、当該調停委員会外の民事調停委員から、専門的な知識経験に基づく意見を聴取することができる（特調規９条、民調規18条）。当該調停委員会外の民事調停委員を調停委員会に加える方法も考えられるが、特殊な専門的知識経験を有する調停委員は職業上多忙なことも多いので、より簡易な方法を可能にしたものである。これは事実上、簡易鑑定の機能を果たすことになる。この専門的な意見の聴取につき当事者等の立会権はないが、調停委員会は当事者等の在席を許すことができる[27]。

4　専門的知識経験に基づく意見の聴取（整理）

上記１から３では条文構造に従って分類・説明を行ったが、専門的知識経験に基づく意見の聴取のために利用できる方法としては、以下のものが考えられる。現在の特定調停手続の実務運用では、主に①、③の方法が用いられ

25　日弁連スキーム「手引１」第１の４、第２の２⑶※印箇所ほか参照。なお、認定経営革新等支援機関の認定を受けた弁護士等が経営改善計画を策定した場合には、その費用（DD費用等を含む）のうち３分の２を上限とする最大200万円まで公費から支払いを受けることができるという制度があり、この制度を併用できる場合はさらに金銭的負担の軽減が見込まれる（同「手引１」第２の６⑵参照）。ただ、2017年までの大阪地方裁判所の事例をみる限りでは、法人案件における日弁連スキームは、申立て前に十分な事前準備を行えるかという点に課題があるようである（増市・前掲（注18）35頁）。日弁連スキームは事前準備の補助のため書式等を提供しているが（序章４（注30））、資金繰り等の関係でやはり準備時間が足りない場合もあると思われる。なお、同「手引１」第２の３⑵参照。

26　上記②の手続は、遠隔地に居住する当事者に対する調停事件の処理に活用されることが期待されたようだが、民事調停一般においてはあまり活用されていないようである（石川＝梶村554頁〜555頁、559頁）。

27　第４章第１節Ⅲ２⑷、石川＝梶村565頁〜569頁。

ているように見受けられる。

① 調停委員会に専門家調停委員を選任する方法（第４章第１節Ⅲ２(3)）

② 調停委員会を組織していない民事調停委員からの意見聴取（前記３(2)）

③ 専門家に対する調査嘱託（前記２）

（関連して、官庁等からの意見聴取（前記１(1)））

④ 専門委員からの意見聴取（下記第４節）

⑤ 鑑定（前記第１節２(2)）

第４節　専門委員

●非訟33条（専門委員）

1　裁判所は、的確かつ円滑な審理の実現のため、又は和解を試みるに当たり、必要があると認めるときは、当事者の意見を聴いて、専門的な知見に基づく意見を聴くために専門委員を非訟事件の手続に関与させることができる。この場合において、専門委員の意見は、裁判長が書面により又は当事者が立ち会うことができる非訟事件の手続の期日において口頭で述べさせなければならない。

2　裁判所は、当事者の意見を聴いて、前項の規定による専門委員を関与させる裁判を取り消すことができる。

3　裁判所は、必要があると認めるときは、専門委員を非訟事件の手続の期日に立ち会わせることができる。この場合において、裁判長は、専門委員が当事者、証人、鑑定人その他非訟事件の手続の期日に出頭した者に対し直接に問いを発することを許すことができる。

4　裁判所は、専門委員が遠隔の地に居住しているときその他相当と認めるときは、当事者の意見を聴いて、最高裁判所規則で定めるところにより、裁判所及び当事者双方が専門委員との間で音声の送受信により同時に通話をすることができる方法によって、専門委員に第１項の意見を述べさせることができる。この場合において、裁判長は、専門委員が当事者、証人、鑑定人その他非訟事件の手続の期日に出頭した者に対し直接に問いを発することを許すことができる。

5　民事訴訟法第92条の５の規定は、第１項の規定により非訟事件の手続に関与させる専門委員の指定及び任免等について準用する。この場合において、同条第２項中「第92条の２」とあるのは、「非訟事件手続法第33条第１項」と読み替えるものとする。
6　受命裁判官又は受託裁判官が第１項の手続を行う場合には、同項から第４項までの規定及び前項において準用する民事訴訟法第92条の５第２項の規定による裁判所及び裁判長の職務は、その裁判官が行う。ただし、証拠調べの期日における手続を行う場合には、専門委員を手続に関与させる裁判、その裁判の取消し及び専門委員の指定は、非訟事件が係属している裁判所がする。

■非訟規24条（専門委員の意見に関する取扱い・法第33条）

1　裁判長が専門委員に意見を求めた場合において、その意見を求めた事項が的確かつ円滑な審理を実現する上で重要な事項であるときは、裁判所書記官は、当事者及び利害関係参加人に対し、当該事項を通知しなければならない。ただし、裁判長が当事者が立ち会うことのできる非訟事件の手続の期日において専門委員に意見を求めた場合は、この限りでない。
2　専門委員が非訟事件の手続の期日外において意見を記載した書面を提出したときは、裁判所書記官は、当事者及び利害関係参加人に対し、その写しを送付しなければならない。

■非訟規25条（専門委員が関与する証拠調べ期日における裁判長の措置等・法第33条）

1　裁判長は、法第33条第１項の規定により専門委員が非訟事件の手続に関与する場合において、証人の尋問を行う非訟事件の手続の期日において専門委員に意見を述べさせるに当たり、必要があると認めるときは、当事者及び利害関係参加人の意見を聴いて、専門委員の意見が証人の証言に影響を及ぼさないための証人の退去その他適当な措置を採ることができる。
2　当事者は、裁判長に対し、前項の措置を採ることを求めることができる。

■非訟規26条（専門委員の意見に関する当事者及び利害関係参加人の意見陳述の機会の付与・法第33条）

裁判所は、当事者及び利害関係参加人に対し、専門委員が述べた意見について意見を述べる機会を与えなければならない。

■非訟規27条（専門委員に対する準備の指示等・法第33条）

1　裁判長は、法第33条第１項の規定により専門委員に意見を述べさせるに当たり、必要があると認めるときは、専門委員に対し、係争物の現況の確認その他の準備を指示することができる。
2　裁判長が前項に規定する指示をしたときは、裁判所書記官は、当事者及び利害関係参加人に対し、その旨及びその内容を通知するものとする。

参考条文：非訟15条（専門委員の除斥及び忌避）、47条（音声の送受信による通話の方法による手続）、非訟規11条（裁判所書記官及び専門委員の除斥等・法第14条等）、28条（音声の送受信による通話の方法による専門委員の関与・法第33条）、29条（専門委員の関与する受命裁判官及び受託裁判官の権限・法第33条）

解　説

1　制度の概要

民事訴訟手続については、平成15年の改正により、専門的知見が必要になる事件（たとえば特許訴訟や医療訴訟等）において、裁判所が審理に必要な専門的な知見を機動的に得ることができるように、専門家を手続に関与させる専門委員制度が設けられた（民訴92条の2以降）。そして、特定調停手続を含む非訟事件手続についても、同様の趣旨から、専門委員の制度が定められた（特調22条、民調22条、非訟33条）[28]。

専門委員を手続に関与させる目的は、鑑定に代わる専門的意見を簡易に獲得するという機能も否定はされないが、主に、審理の進行上、または、和解勧試上の必要性にある（非訟33条1項）。もっとも、民事訴訟においては、専門委員が述べた説明は裁判の資料とはならないと考えられているのに対し、非訟事件においては、「事実の調査」の一環として裁判資料となることが想定されており[29]、審理判断の内容にも大きな影響を与える可能性がある。そこで、職権探知主義における当事者等の手続保障等の観点から、専門委員に意見を

28　なお、非訟事件において専門委員の活用が想定される事件の例としては、株式等の価格の決定事件（会社法117条2項等）、清算人等の選任事件（同法478条2項等）、金融機関が預金の払戻停止等により管理下にある場合の事業譲渡の代替許可事件（預金保険法87条）等々の例があげられている（金子編著・逐条解説129頁（注3））。

求める場合の手続の細目が、非訟法33条および15条、並びに非訟規24条ないし29条および11条に定められている[30]。

２　専門委員の選任等

⑴　専門委員を関与させる決定

専門委員を関与させる判断は、裁判所が職権で行うが、「当事者の意見を聴いて」から行わなければならない（非訟33条１項前段）。その趣旨は、必要となる専門的知見の対象・範囲や専門委員の適格性・信頼性等について、当事者の意見をあらかじめ聴取したほうが、手続の適正さや和解案の説得力につながると考えられ、また、当事者の手続保障にもなるからである。他方で、非訟事件では職権探知主義が基本なので、民事訴訟とは異なり（民訴92条の２第２項および３項参照）、当事者の同意まで必要とされる場面はない。

⑵　指定・任免・処遇

専門委員の指定および任免等については、民訴法92条の５の規定が準用されている（非訟33条５項）。すなわち、裁判所が専門委員を選任するときは、当事者の意見を聴いたうえで、個別の事件について１名以上の専門委員を指定する。その身分は裁判所の非常勤職員とし、その任免に必要な事項は最高裁判所規則で定める（この定めを受けて専門委員規則（平成15年最高裁判所規則第20号）が定められた）。専門委員には、手当および旅費等を国庫から支給するものとする（したがって、その費用は当事者の手続費用には含まれない[31]）。

⑶　除斥・忌避等

専門委員の除斥および忌避については、非訟法11条、12条、13条８項お

29　民訴法92条の２には訴訟手続の「円滑な」進行を図るため、という表現しかないが、非訟法33条１項には「的確かつ円滑な」審理の実現のため、という文言の追加がされている。これは、専門委員の機能として、民事訴訟においては手続進行に重点がおかれているのに対し、非訟事件においては裁判所が事案の解明に向けて事実の調査を行う際にも活用されることを踏まえたものである。また、民訴法では専門委員の「説明」を聴くのに対し、非訟法では「意見」（説明を含む）を聴くものとされているが、これも同様の趣旨による（金子編著・逐条解説130頁～131頁）。

30　なお、この非訟法33条および15条、並びに非訟規24条ないし29条および11条は、それぞれ民訴法92条の２ないし92条の７、並びに民訴規34条の３ないし34条の７、34条の９および34条の10と対応しており、それらと同趣旨またはそれらを参考にして定められた規定である。

31　最高裁判所事務総局民事局監修『条解非訟事件手続規則』133頁。

よび9項並びに14条2項および3項の規定が準用される（非訟15条）[32]。

すなわち、専門委員の除斥事由は、裁判官の除斥事由（非訟11条1項）と同様である。また、専門委員について公正な職務執行を妨げる事情があるときは、当事者は、その専門委員を忌避することができる（非訟12条1項）。当事者は、専門委員の面前で事件について陳述をしたときは（専門委員に対しての陳述でない場合も含まれる）、専門委員を忌避することができないが、当事者が忌避の原因があることを知らなかった等の場合には、忌避は妨げられない（同条2項）。

専門委員について除斥または忌避の申立てがあったときは、当該専門委員は、その申立てについての裁判が確定するまでその非訟事件に関与できないが（非訟14条2項本文）、裁判官の場合と異なり、非訟事件手続自体は停止しない（非訟13条4項参照）。非訟法13条5項に列挙された事由（忌避申立てが手続遅滞目的のみでされた場合等）がある場合には、裁判所のみならず、受命裁判官等が単独で忌避申立てを却下することができる（非訟14条3項ただし書。これを簡易却下制度という）[33]。除斥または忌避に理由があるとする裁判に対して不服を申し立てることはできないが、理由がないとする裁判に対しては即時抗告ができる（非訟13条8項・9項）。

3　専門委員の関与等

(1)　専門委員の意見陳述

専門委員は必ずしも期日に立ち会わせる必要はないが（非訟33条3項前段参照）、専門委員の意見は、書面にて、または当事者の立ち会える期日で口頭にて述べられる必要がある（同条1項後段）。書面の場合は、当事者等に写しが送付される（非訟規24条2項）。また、裁判長が専門委員に意見を求めた事項が、的確かつ円滑な審理を実現するうえで重要な事項であるときは、当該事項は当事者等に通知される（同条1項）[34]。

当事者等は、専門委員が述べた意見について、意見を述べる機会を与えら

32　なお、民訴法においては、同様の規定は92条の6に定められている。

33　最高裁判所事務総局民事局監修・前掲（注31）51頁。なお、刑事訴訟法24条に同様の規定がある。

れる（非訟規26条）。

(2) 専門委員による質問

裁判所は、専門委員が、期日に出頭した者（当事者、証人、鑑定人その他）に対し直接に問いを発することを許すことができる（非訟33条３項後段）。上記のとおり、その際に当事者の同意は必要ない（民訴92条の２第２項とは異なる）。

(3) 電話会議システム・テレビ会議システムの利用

専門家の少ない分野や地域において専門的な知見が必要になる場合や、適切な専門家が多忙のため裁判所に出頭する時間がとれない場合にも、機動的に専門的な知見を得られるようにする必要がある。そこで、そのような場合には、裁判所は、当事者の意見を聴いたうえで、音声の送受信により同時に通話をすることができる方法によって、専門委員に意見を述べさせたり、専門委員が期日に出頭した者に対し直接問いを発することを許すことができる（非訟33条４項）。

この場合、当事者も、必ずしも裁判所に実際に出頭しなくともよく、裁判所の判断により、専門委員の関与する期日に、通話先に居て関与することができる（非訟47条）。

(4) 特別な準備の指示

専門委員に意見を述べさせるにあたり、通常の準備を超えた特別な準備の必要があると裁判長が判断した場合は、専門委員に対し、特別な準備を指示することができる（非訟規27条１項）。たとえば、実際の会社財産の現況の確認が必要なときや、会社の特定財産の処分が課題になっているときに、実際に現地に赴いて状況を確認してもらう場合や、特殊な文献を調査してもらう場合などが想定されている。裁判長がこの指示をする場合には、当事者等に対しその内容が通知される（同条２項）。これには、手続の透明性を高めるほか、当事者等の協力を得やすくして準備を円滑かつ効果的に行うという狙い

34　なお、和解勧試にあたり必要があると認めて専門委員の意見を聴く場合や、当該事項が「重要」でない場合は、この要件にあたらず、事前の通知までの必要はないと解されている（最高裁判所事務総局民事局監修・前掲（注31）69頁）。

もある。[35]

4　特定調停における意義

特定調停において、専門委員が重要な役割を果たしたという例は、寡聞にして不見当である。これは、特定調停の現行実務における調査嘱託（民調規16条）のような職務は、職務の緊急性・膨大性・専門性ゆえに経費や対価が高額になりがちであり、かつ、一般の企業体に係る事業再生を企図するという事柄の性格上、法的整理におけるのと同様、当事者に負担させるのが相当と思われるところ、専門委員は報酬を公費で支給されるため、そのような目的には使いづらいからではないか、と推測する。

他方で、非訟法の専門委員制度は、機動性を重視し、かつ「事実の調査」の一環として強い効果をもつ制度となっている。そのため、報酬が比較的低額であり、その費用を申立人に負担させる必然性が薄く（非営利・公益）、また、専門家が深掘りするDD等までは要求されず、大方、裁判所が中心となって判断できるような事案が見出されることとなれば、いずれ活用の余地もあるかもしれない。

また、専門家調停委員と異なる意義を求めるならば、専門家の少ない分野や地域における手続にて、専門家を（電話会議システム等で）加えつつ手続を進行させるべき場合があげられるかもしれない。現状の実務では、申立て時における管轄の柔軟な運用によって対応されていることが多いように思われるが、将来の地域再生案件、災害対応案件などで専門委員制度を活用できないか等は、研究すべき課題であるように思われる。

35　本段落については、最高裁判所事務総局民事局監修・前掲（注31）73頁～74頁。

第6章　特定調停の成立等

第1節　特定調停の成立

●民調16条（調停の成立・効力）

調停において当事者間に合意が成立し、これを調書に記載したときは、調停が成立したものとし、その記載は、裁判上の和解と同一の効力を有する。

●民訴267条（和解調書等の効力）

和解又は請求の放棄若しくは認諾を調書に記載したときは、その記載は、確定判決と同一の効力を有する。

参考条文：非訟65条（和解）、非訟規50条（和解・法第65条）

解　説

1　概　要

特定調停は、特調法に定めるもののほか、民調法の定めるところによるとされているため（特調22条）、特定調停の成立と効力の基本に関しては、民調法16条の定めによる（性質に反することから非訟法65条の準用はない）。

2　調停の成立

(1)　合意の成立

調停成立の要件として、当事者間の合意の成立が必要である。この合意は当事者の意思の合致によって成立するものである（なお、民調1条参照）。

(2)　調停調書

当事者間の合意が成立した場合、その内容が直ちに調書に記載されるのではなく、調停委員会が相当と認め、調停主任裁判官が、書記官にその合意内容を調書に記載すべきことを命じ、書記官がそれを記載（民調12条の５）したときに調停が成立する。

なお、調停調書は判決に類するところから、その記載に明白な誤謬があるときは、判決に準じて（民訴257条）更正ができるものと解されている[1]。

3　調停の効力

(1)　裁判上の和解の効力

民調法16条では、調停が成立した場合、裁判上の和解と同一の効力を有するとされているため、裁判上の和解の効力が問題となる。

民訴法267条は、「和解……を調書に記載したときは、その記載は、確定判決と同一の効力を有する」と定めており、その裁判上の和解の効果については、訴訟終了効、執行力、既判力が問題となるが、訴訟終了効および執行力（民執22条７号）については争いなく認められている。対して、既判力については争いがあり、判例は、既判力を肯定することを前提にしている一方で[2]、訴訟上の和解の実体は当事者の意思表示であって、判決と異なり意思表示に存する瑕疵のため和解が当然無効となる場合があるとし、要素の錯誤により訴訟上の和解が無効となることを認めている[3]。

(2)　調停と既判力等

調停と裁判上の和解は、当事者間の合意を本質とする自主的・主体的紛争解決制度であるから、その効力も同一に解すべく、調停の既判力の有無についても、裁判上の和解に関する上述の議論が妥当するものと解する。

また、調停調書において、特定の給付義務を含んでいるとき、債務名義として執行力を有する（民執22条７号、民調16条、民訴267条）。

なお、形成訴訟における形成判決は、確定すると法律関係の変動を生じ、この効果を生じる効力を形成判決の形成力というが、この意味の形成力が調停に存在するかについては、否定説が有力かと思われる。

1　最判昭和33・11・25集民34号559頁。
2　最判昭和33・３・５民集12巻３号381頁。
3　最判昭和33・６・14民集12巻９号1492頁、大判昭和８・11・24大審院裁判例７巻267頁。

4　調停の瑕疵とその主張方法

⑴　調停の瑕疵

調停の瑕疵については、調停手続上の瑕疵、調停内容の瑕疵および当事者の意思の瑕疵に、大別される。

まず、手続上の瑕疵について、調停の性質に従い、再審事由に準ずるものは無効原因となりうる。

また、内容の瑕疵について、履行不能な義務を定めていれば調停は無効であり、また、合意の内容が不明、不定であれば、調停の効力は生じない。

当事者の意思の瑕疵については、前述のとおり、判例は、意思表示に錯誤があるときは無効とするが、和解に関する民法696条の特則により、無効とならない場合がある[4]、とする。

⑵　瑕疵の主張方法

訴訟上の和解における瑕疵の主張方法について、判例は、救済を求める当事者の態度に応じて、期日指定申立てによる旧訴の続行[5]、和解無効確認の新訴提起[6]、請求異議の訴え[7]を認めているが、調停においても、訴訟上の和解と同様に、当事者の便宜の観点から、複数の瑕疵の主張方法が考えられる。

⑶　調停の効力の時的限界

調停の効力の基準時はその成立の時点である。

調停には判決と全く同様の既判力は生じないので（確定判決の既判力の時的限界は、事実審の最終口頭弁論の時点である。民執35条２項)、調停では（基準時前の事由をもって）調停によって決められた法律関係の無効を主張することができる。

4　訴訟上の和解に関する最判昭和38・２・12民集17巻１号171頁。
5　大判昭和６・４・23民集10巻７号380頁。
6　大判大正14・４・24民集４巻５号195頁。
7　大判昭和14・８・12民集18巻14号903頁。

第2節　特定調停成立の促進に関する諸制度

Ⅰ　調停委員会が提示する調停条項案

●特調15条（調停委員会が提示する調停条項案）
　調停委員会が特定調停に係る事件の当事者に対し調停条項案を提示する場合には、当該調停条項案は、特定債務者の経済的再生に資するとの観点から、公正かつ妥当で経済的合理性を有する内容のものでなければならない。

参考条文：民調5条1項

解　説

1　趣　旨

特定調停の成立は、基本的には当事者間の合意を旨とし（民調16条）、実践的には、経済的再生を希求する申立人の側にて立案される再生計画案を調停条項案の基礎として、利害調整が進められるべきものであるが、その利害の隔たりが大きい場合も想定されるため、本条は、調停委員会が、当事者間の合意の対象となる調停条項案を提示する際（民調5条1項）における、そのあるべき調停条項案の実体的要件として、当事者間の合意内容が、「特定債務者の経済的再生に資するとの観点から、公正かつ妥当で経済的合理性を有する内容のもの」でなければならないことを明らかにしているものである。

すなわち、特定調停の申立人は、経済的に破綻するおそれのある者であり（特調3条）、調停が不成立の場合には倒産処理手続に至る可能性もあり、そうした場合に照らして不合理であるような内容の調整をすべきではない。

また、債権者が、通常の民事調停よりも厳しい内容の手続上の特例（移送、当事者の責務、民事執行手続の停止、文書等の提出等）を甘受する、実質的担保ともいえる。

2　具体的内容

「公正」は公平で、かつ、法令に反しないこと、「妥当」は特定債務者の経済的再生のために適切な、それにふさわしいものであることを指すとされる[8]。「経済的合理性を有する」とは、関係当事者がそのような内容の合意をすることが当事者双方にとって経済的に合理的であることを指す。もとより、条理にかない実情に即した解決案であることが前提である（民調1条)。過少でも過剰でもない適切な条件と内容による再生の施策、総じて法的整理に至るよりも無難な施策が講ぜられるのでなければ、当事者間の合意に実質的な価値もないであろう。

3　実質的意義

ところで、調停条項等の実質的内容に係る「債務者の経済的再生に資するとの観点から、公正かつ妥当で経済合理性を有する内容」との文言は、本条（調停委員会が提示する調停条項案）のほか、特調17条2項（調停委員会が定める調停条項)、18条1項（特定調停の不成立)、そして20条（特定調停に代わる決定への準用）にも共通して用いられている文言であり、つまるところ、当事者間に任意の合意が成立する場合であれ、調停委員会が調停条項案を提示する等の場合であれ、受調停裁判所が調停に代わる決定により調停内容を提示する場合であれ、この文言に示された要件を充足しない内容による特定調停は有効に成立しない、ということを意味することになる。

また、特定調停の有効性に関連しては、ほかにも「性質上特定調停をするのに適当でないと認める」事案につき調停をしない旨（特調11条)、特定調停の申立てに際し「関係権利者との交渉の経過および申立人の希望する調停条項を明らかにする」旨（特調規1条1項)、それぞれ定めがあり、これらの場合にも上述の要件の内容が実質的に審理されることになり[9]、その意味では、特定調停手続における関係者間の利害の調整に終始一貫して機能する要件

8　一問一答99頁。

（立証の命題）ともいいうるものである。

もっとも、それ自体、評価的な概念、規範的な要件というほかないため、相応の規模と複雑性を内包する事案においては特に、より個別具体的な考慮要素が明確化されないと、実質的な協議の指針としては機能不全に陥りかねない面もある。

この点、準則化された私的整理においては、関係者間の利害調整における協議の指針として、事業再生計画案の内容面における実体的な基準が示されており、事案に応じたアレンジや簡素化は求められるにせよ、参考になるであろう[10]。

Ⅱ　調停条項案の書面による受諾

●特調16条（調停条項案の書面による受諾）

特定調停に係る事件の当事者が遠隔の地に居住していることその他の事由により出頭することが困難であると認められる場合において、その当事者があらかじめ調停委員会から提示された調停条項案を受諾する旨の書面を提出し、他の当事者が期日に出頭してその調停条項案を受諾したときは、特定調停において当事者間に合意が成立したものとみなす。

■特調規７条（調停条項案の書面による受諾等・法第16条等）

民事訴訟規則（平成８年最高裁判所規則第５号）第163条（和解条項案の書面による受諾）の規定は法第16条（調停条項案の書面による受諾）の規定による調停条項案の提示及び受諾並びに同条の規定により当事者間に合意が成立したものとみなされる場合について、同規則第164条（裁判所等が定める和解

9　申立ての段階では、従前の協議の経緯なども踏まえつつ将来に向けた要件充足の可能性が吟味されよう（第３章第１節Ⅰ４⑵参照）。なお、日弁連スキームの場合につき、同「手引１」第２の３（序章３（注19））参照。

10　各別の準則やスキームにおける基準の細目については、ここでは措くとして、定性的または定量的な基準の平均的な大要につき、序章３（(注25)（注26)）のほか、濱田芳貴『私的整理88講による道案内』（商事法務、2013年）38頁、40頁、68頁、82頁、84頁、112頁、116頁、120頁、138頁など参照。

条項）の規定は法第17条（調停委員会が定める調停条項）の規定により調停委員会が調停条項を定める場合について準用する。

■民訴規163条（和解条項案の書面による受諾・法264条）

1　法第264条（和解条項案の書面による受諾）の規定に基づき裁判所又は受命裁判官若しくは受託裁判官（以下この章において「裁判所等」という。）が和解条項案を提示するときは、書面に記載してしなければならない。この書面には、同条に規定する効果を付記するものとする。

2　前項の場合において、和解条項案を受諾する旨の書面の提出があったときは、裁判所等は、その書面を提出した当事者の真意を確認しなければならない。

3　法第264条の規定により当事者間に和解が調ったものとみなされたときは、裁判所書記官は、当該和解を調書に記載しなければならない。この場合において、裁判所書記官は、和解条項案を受諾する旨の書面を提出した当事者に対し、遅滞なく、和解が調ったものとみなされた旨を通知しなければならない。

解　説

1　趣　旨

本条は、期日への出頭が困難な一方当事者が、あらかじめ調停委員会から提示された調停条項案を受諾する旨の書面を提出し、他の当事者が、期日に出頭してその調停条項案を受諾したときは、特定調停において当事者間に合意が成立したものとみなす規定である[11]。

すなわち、特定調停においては、特定債務者に係る複数の事件は、その複数の債権者との間における利害を総合的かつ整合的に調整すべく、同一裁判所において併合のうえ手続が進められることが望ましいが（特調6条）、反面、遠隔の地に居住ないし所在している当事者が、容易に調停期日に出頭できないという事態を招く場合もある。

11　遺産分割調停（家事事件手続法270条）のほか、手続にも同種の制度がある（民訴264条は、「当事者が遠隔の地に居住していることその他の事由により出頭することが困難であると認められる場合において、その当事者があらかじめ裁判所又は受命裁判官若しくは受託裁判官から提示された和解条項案を受諾する旨の書面を提出し、他の当事者が口頭弁論等の期日に出頭してその和解条項案を受諾したときは、当事者間に和解が調ったものとみなす」と定めている）。

それでもなお、期日への出頭が困難な一方当事者の意思が確認できる限り、調停を成立させることが望ましいことから設けられたものである。

かかる趣旨に照らし、申立人について出頭が困難な事由が認められる場合にも、書面による受諾を行うことはできるが、特定調停においては、申立人である特定債務者の資力や債務の状況等に係る事実関係の調査が重要であり、また、その経済的再生に向けての特定債務者の意欲の確認が欠かせないことから、申立人の出頭が容易な裁判所における手続の進行が望ましいと考えられる（特調４条参照）。

2　「みなし合意成立」と「調停成立」の関係

民調法16条（特調22条）は、調停において当事者間に合意が成立し、これを調書に記載したときに調停が成立したものとし、その記載が裁判上の和解と同一の効力を有するものとする旨を定めているが、特調法16条によって「当事者間に合意が成立したものとみな」されても、調停が成立したことまで意味するわけではない。

すなわち、同条により成立したものとみなされた調停条項案に係る合意について、調書への記載がされることにより、その記載が裁判上の和解と同一の効力を有することになる。[12]

Ⅲ　調停委員会が定める調停条項

●特調17条（調停委員会が定める調停条項）

1　特定調停においては、調停委員会は、当事者の共同の申立てがあるときは、事件の解決のために適当な調停条項を定めることができる。

2　前項の調停条項は、特定債務者の経済的再生に資するとの観点から、公正かつ妥当で経済的合理性を有する内容のものでなければならない。

3　第１項の申立ては、書面でしなければならない。この場合においては、その書面に同項の調停条項に服する旨を記載しなければならない。

4　第１項の規定による調停条項の定めは、期日における告知その他相当と

12　一問一答104頁。

認める方法による告知によってする。
5　当事者は、前項の告知前に限り、第１項の申立てを取り下げることができる。この場合においては、相手方の同意を得ることを要しない。
6　第４項の告知が当事者双方にされたときは、特定調停において当事者間に合意が成立したものとみなす。

■特調規７条（調停条項案の書面による受諾等・法第16条等）

民事訴訟規則（平成８年最高裁判所規則第５号）第163条（和解条項案の書面による受諾）の規定は法第16条（調停条項案の書面による受諾）の規定による調停条項案の提示及び受諾並びに同条の規定により当事者間に合意が成立したものとみなされる場合について、同規則第164条（裁判所等が定める和解条項）の規定は法第17条（調停委員会が定める調停条項）の規定により調停委員会が調停条項を定める場合について準用する。

■民訴規164条（裁判所等が定める和解条項・法265条）

1　裁判所等は、法第265条（裁判所等が定める和解条項）第１項の規定により和解条項を定めようとするときは、当事者の意見を聴かなければならない。
2　法第265条第５項の規定により当事者間に和解が調ったものとみなされたときは、裁判所書記官は、当該和解を調書に記載しなければならない。
3　前項に規定する場合において、和解条項の定めを期日における告知以外の方法による告知によってしたときは、裁判所等は、裁判所書記官に調書を作成させるものとする。この場合においては、告知がされた旨及び告知の方法をも調書に記載しなければならない。

解　説

1　趣　旨

特定調停事件においては、特定債務者に係る総合的かつ整合的な債務の調整を図るため、通例、複数の債権者から調停条項案への同意を得ることが必要となるが、調停委員会から示される公的判断には従うけれども、任意の譲歩には応じられない、といった内部事情を抱える（心情を抱く）債権者も皆無ではない。かような理由により当事者間に合意が成立する見込みがない場合、潜在的には調停成立への意向や期待も想定されることから、仲裁的な方法による紛争解決手段として、当事者間に調停委員会の定める調停条項に服する旨の書面による合意(調停の申立ての後にされたものに限られる)があるときは、申立てにより、調停委員会が調停条項を定めることができ、これを調書に記載したときは、調停が成立したものとみなすものとする制度が導入されたものである[13]。

2　具体的内容

調停委員会は、当事者の共同の申立てがあるときは、事件の解決のために適当な調停条項を定めることができる（特調17条１項)。調停委員会の仲裁的判断が容れられる根拠は、調停委員会の判断に服するという当事者双方の意思に求められ、かかる重大な効果に至る意思の合致を手続的に確認する機会を確実に確保するべく、その申立て自体を当事者双方が共同して行うべきものとされているものである。当事者双方が真に調停委員会の裁定に従う意思を有する旨を明確化すべく、この申立ては、調停委員会の定める調停条項に服する旨が記載された書面によってしなければならない（特調17条３項)。通常は一通の書面をもって両当事者が申立てを行うことになると思われるが、共同の申立てとしての実質を失わない限り、必ずしも一通の書面で行われなくとも差し支えないであろう。

調停委員会が申立てにより定める場合の調停条項は、調停委員会が調停条項案を当事者に提示する場合と同様、「特定債務者の経済的再生に資するとの観点から、公正かつ妥当で経済的合理性を有する内容のもの」でなければならない（特調17条２項)。特調法15条および18条１項とともに、特定調停

13　地代借賃増減調停（民調24条の３)、商事調停（民調31条)、鉱害調停（民調33条）のほか民事訴訟手続にも、同種の制度がある（民訴265条は、「１　裁判所又は受命裁判官若しくは受託裁判官は、当事者の共同の申立てがあるときは、事件の解決のために適当な和解条項を定めることができる。　２　前項の申立ては、書面でしなければならない。この場合においては、その書面に同項の和解条項に服する旨を記載しなければならない。　３　第１項の規定による和解条項の定めは、口頭弁論等の期日における告知その他相当と認める方法による告知によってする。　４　当事者は、前項の告知前に限り、第１項の申立てを取り下げることができる。この場合においては、相手方の同意を得ることを要しない。　５　第３項の告知が当事者双方にされたときは、当事者間に和解が調ったものとみなす」と定める)。

における調停の実体的要件を示すものでもある（前記Ⅰ３）。

調停委員会が調停条項を定める場合、その方法は、調停期日における告知その他相当と認める方法による告知による（特調17条４項）。

共同の申立てをした当事者は、かかる告知を受けるまでは、相手方の同意を得ることなく、自由にその申立てを取り下げることができる（特調17条５項）[14]。

他方、調停条項の定めの告知が当事者双方にされたときは、その時点において当事者間に合意が成立したものとみなされる（特調17条６項）。さらに、その調停条項が調書に記載された場合、その内容での調停が成立したものとされ、その記載が裁判上の和解と同一の効力を有することとなる（特調22条、民調16条）。

なお、特調法17条６項の規定により当事者間に合意が成立したものとみなされたときは、裁判所書記官は、当該合意を調書に記載しなければならないこと等について、規則で定められている（特調規７条による民訴規164条２項等の準用）。

3　特調法20条の裁判所がする決定との関係

特調法17条による「調停委員会が定める調停条項」の制度は、以上のとおり、調停委員会による一種の仲裁的な方法を認めたものである。これに対し、特調法20条による「事件に関し裁判所がする民事調停法第17条の決定」は、民事調停一般の手続として定められており、調停が成立する見込みがない場合において相当であると認めるときに、裁判所が事件の解決のために必要な決定をする制度である（民調17条）。この「調停に代わる決定」は、当事者の意

14　前掲（注13）のとおり、地代借賃増減調停にも同種の制度がみられるが、特調法17条との対比において、民調法24条の３の定めは以下の点で異なる。すなわち、①当事者間に合意が成立する見込みがない場合等において、当事者間に調停委員会の定める調停条項に服する旨の書面による合意（当該調停事件に係る調停の申立ての後にされたものに限る）が必要、②申立て自体は当事者一方のみでも可、③合意後の意思表示の撤回は不可。むしろ、特調法17条は民訴法265条の規定に倣うものであるが、その趣旨は、特定調停において両当事者の意思に適った解決を図るためには、調停委員会の定める調停条項に従うという両当事者の意思が申立て後も存続していることが望ましい、という観点によるものである。一問一答112頁参照。

思にかかわらず裁判所の判断ですることができる一方、不服のある当事者がこの決定に拘束されることはない（民調18条）。

第３節　特定調停の不成立

●特調18条（特定調停の不成立）

1　特定調停においては、調停委員会は、民事調停法第14条の規定にかかわらず、特定債務者の経済的再生に資するとの観点から、当事者間に公正かつ妥当で経済的合理性を有する内容の合意が成立する見込みがない場合又は成立した合意が公正かつ妥当で経済的合理性を有する内容のものであるとは認められない場合において、裁判所が同法第17条の決定をしないときは、特定調停が成立しないものとして、事件を終了させることができる。

2　民事調停法第19条の規定は、前項の規定により事件が終了した場合について準用する。

●民調14条（調停の不成立）

調停委員会は、当事者間に合意が成立する見込みがない場合又は成立した合意が相当でないと認める場合において、裁判所が第17条の決定をしないときは、調停が成立しないものとして、事件を終了させることができる。

●民調19条（調停不成立等の場合の訴の提起）

第14条（第15条において準用する場合を含む。）の規定により事件が終了し、又は前条第４項の規定により決定が効力を失った場合において、申立人がその旨の通知を受けた日から２週間以内に調停の目的となった請求について訴えを提起したときは、調停の申立ての時に、その訴えの提起があったものとみなす。

■特調規５条（当事者に対する通知・法第11条等）

民事調停規則（昭和26年最高裁判所規則第８号）第22条（当事者に対する通知）第１項の規定は、法第11条（特定調停をしない場合）又は第18条（特定調停の不成立）の規定により事件が終了した場合について準用する。

第6章

■民調規22条（当事者に対する通知）

1　法第13条若しくは第14条（これらの規定を法第15条において準用する場合を含む。）の規定により事件が終了したとき、又は法第18条第４項の規定により決定が効力を失ったときは、裁判所書記官は、当事者に対し、遅滞なく、その旨を通知しなければならない。

2　調停の申立ての取下げがあったときは、裁判所書記官は、その旨を相手方に通知しなければならない。

3　法第17条の決定がされた後に調停の申立ての取下げがあった場合において、相手方が申立ての取下げに同意したときは、裁判所書記官は、その旨を申立人に通知しなければならない。

解　説

1　趣　旨

特調法18条は、特定調停における合意（民調16条参照）につき、「特定債務者の経済的再生に資するとの観点から、公正かつ妥当で経済的合理性を有する内容」であることを要件とする旨、明らかにし、当事者間にそのような要件を備えた合意が成立する見込みがない場合、または、成立した合意がそのような要件を欠く場合には、調停委員会は、特定調停が成立しないものとして、事件を終了させることができる旨、規定する。特定債務者は経済的に破綻するおそれのある者であり、特定調停が成立しない場合には法的倒産処理手続に至る可能性もあり、そうした場合と比較して、特定債務等の調整の内容が債権者間の公平を欠いたり、実行可能性が乏しいような不合理なものではあってはならないからである。

2　要　件

特調法18条１項は、当事者間の合意が特定調停としての効力を有するためには、「特定債務者の経済的再生に資するとの観点から、公正かつ妥当で経済的合理性を有する内容」でなければならず、かかる要件を欠く（是正もされない）場合には、調停委員会は事件を終了させうるものとし、さらに、

第6章

かかる規律を介し、特調法15条および17条２項とともに、調停条項の実体的要件を定めるものと解される。また、「裁判所が民調法17条の決定をしないときは」という限定を付すことにより、特調法20条と相まって、裁判所が特定調停に係る事件について民調法17条の決定をする際の要件としても機能することから、結局、この要件を充たさない特定調停は成立し得ないことになる（第２節Ｉ３）。

一般の民事調停の場合、当事者間の合意が「相当」であることが調停成立の要件とされている（民調14条）が、特調法18条１項の規定は、特定調停の成立要件を一般の民事調停より厳格化するものであり、当事者間の合意は「相当」ではあるが、同条の要件を充たさないとして、調停委員会が事件を終了する旨の決議をした場合には、事件は一般の民事調停手続に移行することなく当然に終了することになる。[15]

３　手　続

調停委員会は、前記の要件につき、当事者または参加人から事情聴取をした結果や提出を受けた資料等、調停手続において得た一切の資料を総合して判断する（民調12条の７）。判断に必要な資料の収集が十分に行えず、前記の要件を充たすか否かの判断ができないときは、仮に当事者間の合意が成立したとしても、特定調停が成立しないものとして事件を終了することになる。

特調法18条の規定により事件が終了したときは、裁判所書記官は、当事者に対し、遅滞なく、その旨を通知しなければならない（特調規５条、民調規22条１項）。

４　時効の取扱い

特調法18条２項は、同条１項により事件が終了した場合について、民調法19条を準用し、特定調停の申立人が事件が終了した旨の通知（特調規５条、民調規22条１項）を受けた日から２週間以内に特定調停の目的となった請求

15　一問一答118頁。

について訴えを提起したときは、特定調停の申立ての時にその訴えの提起があったものとみなしている。これにより、調停の目的となった権利については、特定調停の申立て時に時効の完成猶予の効力が生じることになる（民法147条１項１号。なお、同項３号）。

第7章　その他重要な制度

第1節　裁判官等による特定調停

Ⅰ　裁判官による特定調停

●特調19条（裁判官の特定調停への準用）
　第9条から前条までの規定は、裁判官だけで特定調停を行う場合について準用する。

●民調15条（裁判官の調停への準用）
第11条から前条までの規定は、裁判官だけで調停を行う場合に準用する。

●非訟11条（裁判官の除斥）
1　裁判官は、次に掲げる場合には、その職務の執行から除斥される。ただし、第6号に掲げる場合にあっては、他の裁判所の嘱託により受託裁判官としてその職務を行うことを妨げない。
　一　裁判官又はその配偶者若しくは配偶者であった者が、事件の当事者若しくはその他の裁判を受ける者となるべき者（終局決定（申立てを却下する終局決定を除く。）がされた場合において、その裁判を受ける者となる者をいう。以下同じ。）であるとき、又は事件についてこれらの者と共同権利者、共同義務者若しくは償還義務者の関係にあるとき。
　二　裁判官が当事者又はその他の裁判を受ける者となるべき者の四親等内の血族、三親等内の姻族若しくは同居の親族であるとき、又はあったとき。
　三　裁判官が当事者又はその他の裁判を受ける者となるべき者の後見人、後見監督人、保佐人、保佐監督人、補助人又は補助監督人であるとき。
　四　裁判官が事件について証人若しくは鑑定人となったとき、又は審問を受けることとなったとき。
　五　裁判官が事件について当事者若しくはその他の裁判を受ける者となる

べき者の代理人若しくは補佐人であるとき、又はあったとき。
六　裁判官が事件について仲裁判断に関与し、又は不服を申し立てられた前審の裁判に関与したとき。
2　前項に規定する除斥の原因があるときは、裁判所は、申立てにより又は職権で、除斥の裁判をする。

■特調規８条（裁判官の特定調停への準用・法第19条）

第４条から前条まで（相手方が提出すべき書面等、当事者に対する通知、文書の提出を求める場合の制裁の告知等及び調停条項案の書面による受諾等）の規定は、裁判官だけで特定調停を行う場合について準用する。

■非訟規８条（除斥又は忌避の申立ての方式等・法第11条等）

1　裁判官に対する除斥又は忌避の申立ては、その原因を明示して、裁判官の所属する裁判所にしなければならない。
2　前項の申立ては、非訟事件の手続の期日においてする場合を除き、書面でしなければならない。
3　除斥又は忌避の原因は、申立てをした日から３日以内に疎明しなければならない。法第12条第２項ただし書に規定する事実についても、同様とする。

参考条文：非訟12条（裁判官の忌避）、13条（除斥又は忌避の裁判及び手続の停止）、非訟規９条（除斥又は忌避についての裁判官の意見陳述・法第13条）、10条（裁判官の回避）

解　説

1　単独調停裁判官の権限等

特定調停を含む民事調停において、調停委員会が原則的な調停機関であるが（第４章第１節Ｉ２）、例外的に裁判所が「相当であると認めるとき」は、裁判官だけで調停を行うことができる（民調５条１項ただし書）。

裁判官だけで調停が行われる場合、調停機関として調停にあたる裁判官（単独調停裁判官）の権限は、調停委員会の権限（以下に抜粋）のうち、民事調停委員が構成員になっていないことから当然に除外されるもの（⑧）があるだけで、それ以外は、調停委員会の権限と同一である（民調15条）。

●調停委員会の権限

① 利害関係人の調停手続への参加の許可および強制参加命令（民調11条）
② 調停前の措置命令（民調12条）
③ 期日を定めて事件の関係人を呼び出すこと（民調12条の3、34条、民調規7条）
④ 調停をしないものとして事件を終了させる調停拒否処分（民調13条）
⑤ 弁護士等でない代理人の許可（民調規8条2項）
⑥ 事実の調査・証拠調べ（職権調査）をすること（民調12条の7第1項）
⑦ 調停主任に事実の調査・証拠調べをさせ、地方裁判所または簡易裁判所に事実の調査を嘱託すること（民調12条の7第2項、22条、非訟51条1項）
⑧ 当該調停委員会を構成する民事調停委員に事実の調査をさせること（民調規13条1項）
⑨ 地方裁判所または簡易裁判所に事件の関係人の意見の聴取を嘱託すること（民調規14条）
⑩ 官庁・公署等に調査を嘱託すること（民調規16条）
⑪ 当該調停委員会を構成しない民事調停委員の専門的な知識経験に基づく意見を聴取すること（民調規18条）
⑫ 調停が成立しないものとして事件を終了させる調停不成立の処分（民調14条）

また、前記のとおり、特定調停法においては、成立すべき特定調停の内容の適正を担保する観点から（特調15条、17条2項、18条1項、20条参照）、必要な資料の収集に関して調停委員会の権限が民調法および民調規に定められた権限よりも拡充されている。

すなわち、特定調停を行うにあたり、紛争の事実関係の把握等のため特に必要があると認める場合には、調停委員会が職権で当事者または参加人に対して事件に関係のある文書等の提出を命ずることができることとし、その実効性を確保するため、正当な理由なくこれに応じない者に対しては、10万円以下の過料を科すこととしている（特調12条、24条）。また、調停委員会は必要に応じて官庁、公署その他適当であると認める者に対して意見を求めることができることとし、さらに、労働組合等からの意見聴取の規定も設けている（特調14条）。

これらの特定調停において拡大された権限に関する規定のほか、調停委員会が特定調停を行う場合の手続について定められた関係権利者の参加（特調９条）、当事者の責務（特調10条）、特定調停をしない場合（特調11条）、調停委員会が提示する調停条項案（特調15条）、調停条項案の書面による受諾（特調16条）、調停委員会が定める調停条項（特調17条）および特定調停の不成立（特調18条）についても、裁判官だけで特定調停を行う場合に準用される（特調19条）。

2　除斥・忌避・回避

調停裁判官の除斥・忌避・回避については、従前、民調法22条によって準用される非訟法が「裁判所職員の除斥に関する民事訴訟法の規定は非訟事件手続法に之を準用す」（旧法５条）と規定していたことから、忌避・回避について争いがあったが、改正によってこれらについても明文化がされた[1]。

Ⅱ　民事調停官による特定調停

●民調23条の３（民事調停官の権限等）
1　民事調停官は、裁判所の指定を受けて、調停事件を取り扱う。
2　民事調停官は、その取り扱う調停事件の処理について、次条第３項ただし書に規定する権限並びにこの法律の規定（第22条において準用する非訟事件手続法の規定を含む。）及び特定債務等の調整の促進のための特定調停に関する法律（平成11年法律第158号）の規定において裁判官が行うものと

1　非訟法11条以下。なお、民事調停委員の除斥につき、民調法８条参照。

して規定されている民事調停及び特定調停に関する権限（調停主任に係るものを含む。）のほか、次に掲げる権限を行うことができる。

一　第４条、第５条第１項ただし書、第７条第２項、第８条第１項、第17条、第30条（第33条において準用する場合を含む。）において準用する第28条、第34条及び第35条の規定において裁判所が行うものとして規定されている民事調停に関する権限

二　第22条において準用する非訟事件手続法の規定（同法第13条及び第14条第３項本文(同法第15条において準用する場合を含む。)の規定を除く。）において裁判所が行うものとして規定されている権限であって民事調停に関するもの

三　特定債務等の調整の促進のための特定調停に関する法律の規定において裁判所が行うものとして規定されている特定調停に関する権限

3　民事調停官は、独立してその職権を行う。

4　民事調停官は、その権限を行うについて、裁判所書記官に対し、その職務に関し必要な命令をすることができる。この場合において、裁判所法（昭和22年法律第59号）第60条第５項の規定は、民事調停官の命令を受けた裁判所書記官について準用する。

■民調規25条（民事調停官の権限）

民事調停官は、その取り扱う調停事件の処理について、この規則の規定（前条において準用する非訟事件手続規則の規定を含む。）及び特定調停手続規則（平成12年最高裁判所規則第２号）の規定において裁判官が行うものとして規定されている民事調停及び特定調停に関する権限（調停主任に係るものを含む。）のほか、次に掲げる権限を行うことができる。

一 第５条第１項及び第２項並びに第18条第２項の規定において裁判所が行うものとして規定されている民事調停に関する権限

二 第５条第４項において準用する民事訴訟法第76条、第79条第１項から第３項まで及び第80条の規定並びに民事訴訟規則（平成８年最高裁判所規則第５号）第29条第２項において準用する同条第１項の規定において裁判所が行うものとして規定されている権限であって民事調停に関するもの

三 前条において準用する非訟事件手続規則の規定において裁判所が行うものとして規定されている権限であって民事調停に関するもの

四 特定調停手続規則の規定において裁判所が行うものとして規定されている特定調停に関する権限

参考条文：民調23条の２（民事調停官の任命等）、23条の４（民事調停官の除斥及び忌避）、民調規26条（民事調停官の除斥等）、民調23条の５（民事調停官に対する手当等）

解　説

１　非常勤裁判官制度の創設

調停制度の妙味は、調停委員の社会経験を調停という話合いによる紛争解決の場で活かしてもらい、法的な問題点は裁判官がサポートするという点にある。しかし調停担当の裁判官の数が少なく、しかも手持ち事件数が多すぎることから、裁判官は調停にはあまり関与できないという実情もあった。

平成13年６月12日、司法制度改革審議会[2]は、「司法制度改革審議会意見書――21世紀の日本を支える司法制度」と題して、①知的財産高等裁判所の設置、②法科大学院の設置、③裁判員制度の導入、④行政事件訴訟法の改正、⑤ADR制度の充実など広範にわたる提言をまとめた。

同意見書が、「裁判官の給源の多様化、多元化」を求め、また「国民にとって、より利用しやすく、分かりやすく、頼りがいのある司法とするため、……実効的な事件の解決を可能とする制度を構築する」としたことを受け、最高裁判所と日本弁護士連合会は、①弁護士から常勤裁判官への任官（弁護士任官）を促進するための環境整備と、②弁護士の体験を活用し調停手続をより一層充実・活性化することを目的として、弁護士経験が５年以上ある者がその身分を有したまま、非常勤の形態で、週１回、地方裁判所あるいは簡易裁判所の民事調停官、家庭裁判所の家事調停官として、裁判官と同等の立場で調停手続を主宰する裁判官となり、裁判官が調停に関与する度合いを強めて調停を充実させる非常勤裁判官制度の創設を合意した[3]。

2　21世紀のわが国社会において司法が果たすべき役割を明らかにし、国民がより利用しやすい司法制度の実現、国民の司法制度への関与、法曹のあり方とその機能の充実強化その他の司法制度の改革と基盤の整備に関し必要な基本的施策について調査審議することを目的として、平成11年７月27日から同13年７月26日までの間、内閣に設けられた。

こうした非常勤裁判官制度は、司法制度改革のための裁判所法等の一部を改正する法律（平成15年法律第128号）により平成16年1月1日に新設された。

2　民事調停官の任命・権限等

非常勤裁判官としての民事調停官は、弁護士経験5年以上の者から任命され（民調23条の2第1項）、特定調停を含む民事調停事件一般について裁判官と同一の権限を有する。すなわち、調停委員会を主宰し、単独調停を行い、調停に代わる決定（民調17条）または審判をすることができるが、さらに進んで「裁判所が行うものとして規定されている権限」とされた権限をも有する（民調23条の3第2項）。

このように民事調停官には、民事調停事件を担当する裁判官以上の権限が与えられていることから、弁護士としての実践に裏づけられた幅広い知識と経験を活かすことができるような事件、複雑で法的な問題点が多い事件を中心に担当することが想定されているものと考えられる[4]。

民事調停官の任期は2年で、1回の再任が可能である（民調23条の2第3項）。執務日は、運用上、週1回決まった曜日となっており[5]、配属先の部または室の裁判官室に机があり、そこで執務をする。

3　裁判官たる調停主任の調停期日立会いが必ずしも十分に行われず、ともすれば調停委員任せになりがちであった調停の実態について、「裁判官不在の調停」であるとの批判があったところ、昭和48年3月26日の臨時調停制度審議会の答申書においても、「練達の法曹資格者を非常勤の裁判所職員たる調停主任官（仮称）に任命し、民事調停における調停主任の職務を行わせることができるようにすることの可否を慎重に検討すること」とされた。裁判官を調停主任とする現行の制度に代えて、弁護士または法曹資格を有する者を調停主任官とし、これに民間から選任される調停委員を組み合わせて調停委員会を組織し、これを原則的な調停機関としようとの構想である。これに対しては、審議会の答申に至る過程においても、裁判官の関与しない調停に適正な機能を期待することは困難であるとの反対意見があったのに加えて、日本弁護士連合会からも裁判官の調停関与を不可欠とする立場からこれに反対する意見書が提出されるなどし、かつ、調停制度の根幹にかかわる事項については今回は立法化を見送るとの基本方針もあって、昭和49年10月の民調法改正にあっては立法化されなかった。しかし、その後も同様の構想が立法論として提唱された。これに対しては、民事調停は、条理にかない実情に即した解決であっても、あくまでも適法性を基礎にしたものであることを要し、それを保障するためには裁判官の関与が不可欠であること、法曹一元は理想であるが、その基盤が形成されていない現状では、かかる構想の実現には無理があるなどを理由とする反対説も有力であった。石川＝梶村131頁以下参照。

4　日本弁護士連合会「弁護士任官Q&A——非常勤」Q3（2017年9月）。

5　日本弁護士連合会・前掲（注4）Q4。

3　制度の現状と問題点

非常勤裁判官制度の創設から2017年（平成29年）４月１日までに合計484名が任官しており、同日現在、非常勤裁判官は、民事調停官に限ってみると、地方裁判所に16名（東京13名、大阪３名）、簡易裁判所に44名が配置されている[6]。

非常勤裁判官の推薦・採用にあたっては、裁判官と同等の立場で調停手続を主宰する職務を遂行しうる資質・能力などが必要とされている。具体的には、法律家としての能力、識見（事実認定能力、事件処理に必要な理論上および実務上の専門的知識能力、幅広い教養に支えられた視野の広さなど）、人物・性格（廉直さ、公正さ、寛容さ、決断力、協調性、基本的人権と正義を尊重する心情など）等を、提出された書類や面談などを通じて評価し、推薦の可否が決定されることとなる[7]が、非常勤裁判官の推薦を受けるには、週１回、丸１日（概ね午前９時頃から午後５時頃まで）勤務できることが条件とされている[8]。人選における制約も推察される。とりわけ、特定調停においては、倒産再生実務に通暁した弁護士が民事調停官となることが期待される一方、こうした弁護士の中から条件を満たすことができる者を幾人も探すことの困難は、想像に難くない。

既述のとおり、調停委員会の調停活動が適正かつ効果的に行われ、事件が

6　日本弁護士連合会・前掲（注４）Q11。同日時点における配置は次のとおりである。

非常勤裁判官の配置数（家裁を除く）

裁判所所在地	配置数	裁判所所在地	配置数
札幌	簡裁２	名古屋	簡裁６
仙台	簡裁２	京都	簡裁２
さいたま	簡裁１	大阪	地裁３、簡裁６
千葉	簡裁１	神戸	簡裁２
東京	地裁13、簡裁14	広島	簡裁１
横浜	簡裁２	高松	簡裁１
川崎	簡裁１	福岡	簡裁３

7　日本弁護士連合会・前掲（注４）Q10。
8　日本弁護士連合会・前掲（注４）Q９。

具体的に妥当な解決をみるためには、何よりも具体的事件ごとに調停委員にその人を得ることが肝要であり、上記条件が適材となる人を民事調停官から遠ざけている可能性は否めないことからも、午前の時間のみ、あるいは午後の時間のみ執務可能な者も、民事調停官の推薦・採用を可能とする等の柔軟な条件設定が期待される。

第２節　特定調停に代わる決定

Ⅰ　調停に代わる決定

●特調20条（特定調停に代わる決定への準用）

第17条第２項の規定は、特定調停に係る事件に関し裁判所がする民事調停法第17条の決定について準用する。

●民調17条（調停に代わる決定）

裁判所は、調停委員会の調停が成立する見込みがない場合において相当であると認めるときは、当該調停委員会を組織する民事調停委員の意見を聴き、当事者双方のために衡平に考慮し、一切の事情を見て、職権で、当事者双方の申立ての趣旨に反しない限度で、事件の解決のために必要な決定をすることができる。この決定においては、金銭の支払、物の引渡しその他の財産上の給付を命ずることができる。

参考条文：特調15条（調停委員会が提示する調停条項案）、17条（調停委員会が定める調停条項）、18条（特定調停の不成立）、民訴119条（決定及び命令の告知）、375条（判決による支払の猶予）。

解　説

１　趣　旨

特定調停に係る事件についても、裁判所は、職権で、民調法17条の規定に従い、「調停に代わる決定」（以下、本節において「17条決定」という）を行うことができ、その決定が行われた場合、当事者（または利害関係人）から所定の期間内に異議の申立てがなければ、その決定は確定し、裁判上の和解と同様の効力を有することになる（民調18条）。

もっとも、その決定の内容には、特定調停の条項に関する実質的な規制（特定債務者の経済的再生に資するとの観点から、公正かつ妥当で経済的合理性を有する旨）が及ぶべきところであり、特調法20条は、その旨、明らかにするものである。

2　適用場面

17条決定においては、当事者の合意に代わるものとして、権利の確認や支払条件などの事項が示され、この決定の告知から２週間以内に異議がなければ当該調停条項案は裁判上の和解と同一の効力を生ずる（民調18条５項）。ゆえに、債務者提案の調停条項案に対して積極的に賛成はできないが、積極的に反対する意向もなく、裁判所の決定であれば受け容れるという債権者との関係では、裁判所の決定に対して異議を述べないという挙措により、その消極的賛成を介して、解決が図られることになる[9]。

もっとも、調停手続の性格上、底意からの反対者に合意を強制することはできないから、一部の債権者が、債務者が破産に至ることをも意に介さず、あくまで合意に反対し、強制執行や破産の申立て等によって権利を行使しようとする場合は、17条決定による解決を図ることは困難であり（この場合は異議を述べられることが想定される）、このような場合、債務者としては、法定多数決と裁判所の認可により権利関係の調整を図る民事再生手続等の利用

9　なお、本制度の沿革および合憲性等につき、序章（注37）参照。ここで念のため、調停委員会が定める調停条項（特調17条）との異同について確認しておくと、「当事者が自主的に合意の内容を詰めることができないということは、合意が全くできないということとは異なる。第三者が調停条項を示せばそれに同意する、あるいは異議を述べないという形で、意見の一致をみることがありうるからである。第三者の定める調停条項に服することを当事者があらかじめ合意するという方法もあるが、第三者がまず調停条項を定め、後に異議がなければそれで決定する方法もある」。しかして、調停委員会が定める調停条項の制度は前者の、そして調停に代わる決定は後者の、各「思想の制度的表現」である。小山236頁参照。

を検討すべきことになる。

3　適用要件

受調停裁判所が調停に代わる決定をするためには、①調停が成立する見込みがないこと、②裁判所が相当であると認めること、の２つの要件を具備する必要がある。加えて、特定調停に代わる決定については、③特定債務者の経済的再生に資するとの観点から、公正かつ妥当で経済合理性を有する内容（特調15条、17条２項、18条１項）を具備する必要がある。

(1)　調停が成立する見込みのないこと

調停が成立する見込みのない場合とは、当事者間に合意が成立する見込みがない場合かまたは成立した合意が相当でない場合（民調14条）である。

(2)　裁判所が相当であると認めること

調停に代わる決定をするのが相当であるか否かの判断は、裁判所がその裁量によって職権で判断するが、相当である場合とは以下の場合等をいう[10]。

①　紛争の態様からのアプローチ

ⓐ　当事者の双方または一方が決定で解決することを望んでいる場合

ⓑ　感情的な理由等から合意はしないが、また積極的に決定を望んでいるわけではないが、実質的には調停案に応諾したい意向が当事者にあるか、もしくはありそうな場合

ⓒ　当事者の意見の不一致が、当該事件の本質的部分にあるのではなく、付随的な事項や些細な事項に属する場合、あるいは本質的な部分であっても、意見の開きがそれほど大きくない場合

ⓓ　紛争の対象が主として法律解釈とその適用にあり、その判断が明確に示されれば、紛争が解決されることになる可能性が高い場合

ⓔ　当事者以外にもその紛争に法律上または事実上利害関係をもつ者がいるなどのため、関係者多数の間で一挙に紛争を解決するのが妥当な場合

10　石川＝梶村256頁以下。

② 調停の経過からのアプローチ

ⓐ 当事者から十分な証拠（資料）が提出されたり、事実の調査（証拠調べ）が尽くされて、紛争の実情が十分解明されており、決定をするのに熟している場合

ⓑ 特に正規の鑑定や専門家調停委員の関与（簡易鑑定）により、その事件の解決基準がかなり明確になってきている場合

ⓒ 双方の利害の調整や当事者に対する説得活動が十分行われ、このまま不調にしたのでは、費用、労力、時間を無駄にさせる結果となり妥当でない場合

ⓓ 実質的には調停における合意により解決しうる事件であるが、遠隔地、入院中、無関心などの理由により、当事者の一方または双方が期日に出頭せず、合意ができない場合

ⓔ 訴訟（和解）に備えて、調停の経過および結論を示しておいたほうが妥当と考えられる場合

⑶ 公正・妥当・経済合理性

特調法15条（17条２項、18条１項）について先に述べたとおりである（第６章第２節Ⅰ３参照）。

Ⅱ　異議の申立て

●民調18条（異議の申立て）

１　前条の決定に対しては、当事者又は利害関係人は、異議の申立てをすることができる。その期間は、当事者が決定の告知を受けた日から２週間とする。

２　裁判所は、前項の規定による異議の申立てが不適法であると認めるときは、これを却下しなければならない。

３　前項の規定により異議の申立てを却下する裁判に対する即時抗告は、執行停止の効力を有する。

４　適法な異議の申立てがあったときは、前条の決定は、その効力を失う。

５　第１項の期間内に異議の申立てがないときは、前条の決定は、裁判上の

和解と同一の効力を有する。

■民調規22条（当事者に対する通知）

1　法第13条若しくは第14条（これらの規定を法第15条において準用する場合を含む。）の規定により事件が終了したとき、又は法第18条第４項の規定により決定が効力を失ったときは、裁判所書記官は、当事者に対し、遅滞なく、その旨を通知しなければならない。

2　調停の申立ての取下げがあったときは、裁判所書記官は、その旨を相手方に通知しなければならない。

3　法第17条の決定がされた後に調停の申立ての取下げがあった場合において、相手方が申立ての取下げに同意したときは、裁判所書記官は、その旨を申立人に通知しなければならない。

解　説

1　趣　旨

調停制度は、本来、当事者の互譲と納得による自主的な解決を基調とするものであるから、調停に代わる決定は異議の申立てにより失効することとし、異議がない場合にのみ裁判上の和解と同一の効力を認めることとしたものである。

調停に代わる決定は、当事者等が受調停裁判所によって示された調停案に対し、異議を申し立てないという受動的ないし消極的な形であるにせよ、それを承服して紛争を終了させるか、あるいは拒否をして訴訟手続や法的倒産処理手続等へ移行するか、その選択の機会となるものであり、これが当事者等の自由な意思決定を尊重する異議申立制度と組み合わされることによって、当事者等の微妙な心理に即応した優れた制度として機能することになる。[11]

11　石川＝梶村280頁。

２　異議申立権者

⑴　当事者

当事者とは、申立人（特定債務者）と相手方（関係権利者）であり（第２章第１節参照）、当事者でない参加人は利害関係人への該当性が検討される。

⑵　利害関係人

利害関係人とは、民調法11条（特調９条）にいう「調停の結果について利害関係を有する者」と基本的には同義と解されるが（第４章第２節参照）、民調法18条との関係では、「（確定すると裁判上の和解と同一の効力を有することになる）決定の内容について利害関係を有する者」と読み替えることになる。そして、利害関係人は、調停手続に参加しているか否かを問わず、また、法律上の利害関係がある者（たとえば、貸金調停事件等で債権者と主債務者が当事者となっている場合の当該債務の保証人や連帯保証人などをいう）ばかりでなく、事実上の利害関係がある者（たとえば、当事者間の財産上の権利義務をめぐる調停事件における一般債権者などをいう）を含むと解するのが一般である。ただし、事業再生を旨とし、債務者企業と金融債権者（団）との利害調整（私的整理）を図ろうとする特定調停との関係で、商取引債権者一般が「利害関係人」の適格を有するとまで（幅広に）解するのは行きすぎであろう。

３　異議申立ての方法

⑴　期　間

異議申立てをすることができる期間は、当事者が決定の告知を受けた日から２週間である。決定の告知は、決定正本を送達する方法によって行われるのが実務の取扱いであり、２週間の期間は決定の告知を受けた日から進行し、初日は算入しない。

⑵　方　式

異議の申立ては、書面または口頭のいずれの方法によってもすることができる。異議の申立てには、理由を付する必要はなく、単に決定に同意せず、異議がある旨を表明するだけでよい。

利害関係人が異議の申立てをするには、調停手続に参加していて、利害関係を有することが明確である場合のほかは、利害関係を有する事由を主張し、それを証する書面を添付するなどして、当該決定事項に関する利害関係人であることを明らかにする必要がある。

4　異議申立てと効果

(1)　申立てがあったとき

異議申立期間内に異議の申立てがあったときは、調停に代わる決定は効力を失う。

異議申立期間経過後の異議申立てのように、申立てが不適法な場合には、却下の対象となり、却下決定に対して、異議申立人は即時抗告することができる(第3節Ⅰ参照)。

(2)　申立てがないとき

異議申立期間内に異議の申立てがないときは、調停に代わる決定は確定し、裁判上の和解と同一の効力を有する。

実務上は、訴訟上の和解と同様に調停についても要素の錯誤その他の実体上の瑕疵がない限り既判力を有するとする見解が有力であり[12]、調停に代わる決定についても同様に解される(第6章第1節参照)。

第3節　不服申立て

Ⅰ　即時抗告

●特調21条　削除

●民調21条(終局決定以外の決定に対する即時抗告)

調停手続における終局決定以外の決定に対しては、この法律に定めるも

12　訴訟上の和解につき最判昭和33・3・5民集12巻3号381頁、家事調停につき大阪高判昭和54・1・23高民集32巻1号1頁・家月32巻2号70頁はいずれも既判力を肯定している。

ののほか、最高裁判所規則で定めるところにより、即時抗告をすることができる。

●非訟79条（不服申立ての対象）

終局決定以外の裁判に対しては、特別の定めがある場合に限り、即時抗告をすることができる。

●非訟81条（即時抗告期間）

終局決定以外の裁判に対する即時抗告は、１週間の不変期間内にしなければならない。ただし、その期間前に提起した即時抗告の効力を妨げない。

●非訟82条（終局決定に対する不服申立ての規定の準用）

前節の規定（第66条第１項及び第２項、第67条第１項並びに第69条及び第70条（これらの規定を第76条第１項及び第78条第１項において準用する場合を含む。）の規定を除く。）は、裁判所、裁判官又は裁判長がした終局決定以外の裁判に対する不服申立てについて準用する。

参考条文：非訟規68条（抗告状の記載事項・法第79条）、69条（即時抗告の提起に係る記録の送付・法第79条）、70条（終局決定に対する不服申立ての規定の準用・法第82条）

解　説

１　平成23年改正による特調法21条の削除

平成23年の非訟事件手続法及び家事事件手続法の施行に伴う関係法律の整備等に関する法律（平成23年５月25日法律第53号）による改正前の特調法21条１項は、①改正前特調法４条の規定による移送の裁判、②同法５条の規定による裁判（移送の決定）、③同法７条１項および２項の規定による裁判（手続の停止および続行の決定）、並びに④同法24条１項の過料の裁判に対して、その告知を受けた日から２週間の不変期間内に、即時抗告をすることができる旨を定めていた。しかし、特調法の改正により、②同法５条の規定は削除されたほか、③の裁判に対しては特調法７条４項の規定を新設し、①および④の裁判に対しては同法22条に基づき民調法および非訟法の規定等の準用（①の決定に対しては特調法22条、民調法22条、非訟法10条１項により準用される民訴法21条の規定、④の裁判に対しては特調法22条、民調法36条２項により準用される非訟法120条３項）により、それぞれ即時抗告ができることとされた。また、改正前の特調法21条２項は、上記①②④の裁判に対する即時抗告は執行停止の効力を有する旨を定めていたが、特調法の改正により②は削除され、また、①④については、特調法22条、民調法22条により準用される非訟法10条２項および120条３項の規定により、それぞれ執行停止の効力を有するものとされた。そのため、本条を独自に設ける必要性を失ったため、改正に伴い削除された[13]。なお、即時抗告期間については、旧21条において２週間とする旨が定められていたが、本改正に伴い１週間となる（特調22条、民調22条、非訟81条）。

2　即時抗告の根拠規定

前記１のとおり、平成23年の改正により特調法21条が削除されたが、特調手続における終局決定以外の裁判に対しては、特調法22条により準用される民調法21条により、民調法または民調規が定めている場合に即時抗告が認められる。また、民調法22条において準用する非訟法79条においても、特別の定めがある場合に限り即時抗告が認められる旨が規定されている。すなわち、特定調停手続における終局決定以外の裁判に対する不服申立ては、法令または規則に定めがある場合に限り、即時抗告によりできるとされ（特調22条、民調21条、22条、非訟79条）、限定的に定められているが、終局決定に比して一般に簡易迅速な処理が要請されるためである。

終局決定以外の裁判について即時抗告を認める定めがあるものとして、以下の例がある[14]。

13　金子編・逐条解説477頁。

① 民事執行手続の停止または続行の各申立てを認容または却下した裁判（特調7条4項）
② 移送についての裁判（民調22条、非訟10条1項、民訴21条）
③ 手続上の救助についての決定（民調22条、非訟29条2項、民訴86条）
④ 過料の裁判（特調24条2項、民調36条2項、非訟120条3項）
⑤ 裁判所書記官の処分に対する異議を排する裁判（民調22条、非訟39条2項）
⑥ 管轄裁判所の指定の申立却下の決定（非訟7条4項）
⑦ 除斥または忌避の申立却下の決定（非訟13条9項、14条1項、15条、民調9条、23条の4第1項）
⑧ 特別代理人の申立却下の裁判（非訟17条5項）
⑨ 手続受継の申立却下の裁判（非訟36条2項）
⑩ 申立書の補正がされないときの申立書却下の命令（非訟43条6項）
⑪ 更正決定（非訟58条3項・4項）
⑫ 民事訴訟法の規定の準用による証拠調べについての裁判（非訟53条1項）
⑬ 受命裁判官および受託裁判官の裁判に対する異議の申立ての裁判（非訟80条2項）

3　即時抗告の手続

(1)　抗告期間

終局決定以外の裁判に対する即時抗告は、1週間の不変期間内にしなければならない（特調22条、民調22条、非訟81条）。終局決定以外の裁判は、本案の判断に対して派生的・付随的なものであり、終局決定より簡易迅速の処理の要請が高いことから、即時抗告期間も終局決定に対する即時抗告期間（2週間。非訟67条1項）より短期（1週間）の不変期間とされた。

14　非訟法では、ほかに、当事者参加の申出却下の裁判（非訟20条3項）、利害関係参加の申出却下の裁判（非訟21条4項）、記録閲覧の申立却下の裁判（非訟32条7項・9項）等につき即時抗告を認める旨の規定があるが、参加に関する民調法11条および特調法9条、記録の閲覧に関する民調法12条の6に「特別の定め」（民調法22条）があるため、これらの規定は準用されないと考えられる（金子編著・逐条解説469頁参照）。

(2) 除外例

また、終局決定以外の裁判に対する即時抗告の手続は、基本的には終局決定に対する不服申立てについての各規定（非訟66条～78条）が準用されるものの、その性質上、独自の規律が相当であるものについては、準用の対象から除外されている（特調22条、民調22条、非訟82条）。

準用の対象から除外された規定は、以下のとおりである。

① 即時抗告をすることができる裁判（非訟66条1項および2項）　終局決定以外の裁判に対する即時抗告は、前記のとおり、特別の定めがある場合に限られる（非訟79条）。

② 即時抗告期間（非訟67条1項）　終局決定以外の裁判に対する即時抗告期間は、前記のとおり、1週間の不変期間とされている（非訟81条）。

③ 抗告状の写しの送付および陳述の聴取（非訟69条および70条（これらの規定を76条1項および78条1項において準用する場合を含む））　終局決定以外の裁判は、付随的・派生的なものであり、簡易迅速な処理の要請が終局決定に比して高く、手続保障の要請は終局決定ほど高くないことから、これらの手続の要否は個別事案に応じた裁判所の判断に委ねることとし、同各規定は準用の対象から除外された[15]。

(3) 特　例

上記のとおり、終局決定以外の裁判に対する即時抗告は、終局決定に対する不服申立てについての各規定が準用されることから、特別の定めがある場合を除き、執行停止の効力を有しない（特調22条、民調22条、非訟82条、72条1項本文）。特別の定めがある場合として、以下の例がある。

① 移送の裁判に対する即時抗告（非訟10条2項）

② 民訴法の規定の準用による証拠調べについての裁判に対する即時抗告（非訟53条2項）

15　金子編著・逐条解説321頁参照。

Ⅱ　受命裁判官・受託裁判官の裁判に対する異議

●非訟80条（受命裁判官又は受託裁判官の裁判に対する異議）

1　受命裁判官又は受託裁判官の裁判に対して不服がある当事者は、非訟事件が係属している裁判所に異議の申立てをすることができる。ただし、その裁判が非訟事件が係属している裁判所の裁判であるとした場合に即時抗告をすることができるものであるときに限る。

2　前項の異議の申立てについての裁判に対しては、即時抗告をすることができる。

3　最高裁判所又は高等裁判所に非訟事件が係属している場合における第1項の規定の適用については、同項ただし書中「非訟事件が係属している裁判所」とあるのは、「地方裁判所」とする。

解　説

特定調停手続においても、非訟法の規定の準用により、受命裁判官に期日における手続や事実の調査を行わせ（特調22条、民調22条、非訟46条1項、51条3項、53条1項、民訴195条）、また、他の地方裁判所または簡易裁判所に、事実の調査もしくは証拠調べの嘱託がされることがある（特調22条、民調22条、非訟51条1項、53条1項、民訴185条）。かかる場合の受命裁判官および受託裁判官は、事件が係属する裁判所の委任を受けて処理にあたるものであり、同裁判所の指示に拘束されると解されている。そこで、受命裁判官または受託裁判官の裁判については、これに不服がある当事者は、現に事件が係属する受調停裁判所に異議を申し立てることができるとされている（特調22条、民調22条、非訟80条1項本文）。

もっとも、受調停裁判所において不服申立てが認められていない裁判についてまで異議の申立てを認める必要はないことから、異議の申立てをできる裁判を、現に事件が係属する受調停裁判所（最高裁判所または高等裁判所の場合は地方裁判所）の裁判であるとした場合に即時抗告をすることができるものに限定されている（非訟80条1項ただし書・3項）。

そして、かかる受命裁判官および受託裁判官の裁判に対する異議の申立てについての裁判に対しては、即時抗告をすることが認められている（非訟79条、80条2項）。

Ⅲ　裁判所書記官の処分に対する異議等

●非訟39条（裁判所書記官の処分に対する異議）

1　裁判所書記官の処分に対する異議の申立てについては、その裁判所書記官の所属する裁判所が裁判をする。

2　前項の裁判に対しては、即時抗告をすることができる。

●非訟14条（裁判所書記官の除斥及び忌避）

1　裁判所書記官の除斥及び忌避については、第11条、第12条並びに前条第3項、第5項、第8項及び第9項の規定を準用する。

2　裁判所書記官について除斥又は忌避の申立てがあったときは、その裁判所書記官は、その申立てについての裁判が確定するまでその申立てがあった非訟事件に関与することができない。ただし、前項において準用する前条第5項各号に掲げる事由があるとして忌避の申立てを却下する裁判があったときは、この限りでない。

3　裁判所書記官の除斥又は忌避についての裁判は、裁判所書記官の所属する裁判所がする。ただし、前項ただし書の裁判は、受命裁判官等（受命裁判官又は受託裁判官にあっては、当該裁判官の手続に立ち会う裁判所書記官が忌避の申立てを受けたときに限る。）がすることができる。

参考条文：非訟規11条（裁判所書記官及び専門委員の除斥等・法第14条等）。

解　説

1　処分と異議

裁判所書記官が行う処分として、手続費用額の確定処分（非訟28条1項、民訴71条１項、73条１項）、手続費用額の確定処分の更正処分（非訟28条１項、民訴74条１項）、記録の閲覧等の請求に対する処分（民調12条の６）等がある[16]。

裁判所書記官の処分に対する不服申立ては、当該書記官が所属する裁判所に異議の申立てをすることによる（特調22条、民調22条、非訟39条１項）。また、かかる裁判所書記官の処分に対する異議の申立てについての裁判に対しては、即時抗告をすることが認められている（非訟79条、39条２項）。

2　除斥等

なお、裁判所書記官の除斥および忌避については、裁判官の除斥および忌避の規定が準用される（非訟法14条１項、13条３項・５項・８項および９項）。除斥事由および忌避事由は裁判官の場合と同様であるが（非訟11条、12条）、裁判所書記官の除斥または忌避についての裁判は、当該裁判所書記官の所属する裁判所（簡易裁判所を含む）が行い、合議体によることを要しない（非訟13条１項および２項は準用から除外されている）。また、除斥または忌避を理由があるとする裁判に対しては不服申立てをすることはできないが、除斥または忌避の申立てを却下する裁判に対しては、即時抗告をすることができる（非訟14条１項、13条８項および９項）。なお、裁判所書記官について除斥または忌避の申立てがあったときは、当該調停手続は停止しないが（非訟13条４項は準用から除外されている）、当該裁判所書記官は、その除斥または忌避の申立てについての裁判が確定するまでの間は、その申立てがあった調停手続に関与することができず（非訟14条２項）、当該除斥または忌避の裁判自体にも関与することができない（非訟13条５項の準用）。

16　本条にいう裁判所書記官の処分は、裁判所書記官の独自の権限に基づき行うものであり、裁判所書記官が行う事実の調査(会社非訟事件等手続規則５条)等は裁判官の補助事務であり、それに対する不服は終局決定に対する不服申立てによるべきであるから、本条の裁判所書記官の処分には該当しないとされる(金子編著・逐条解説156頁)。

第８章　他の法令との関係

●特調22条（民事調停法との関係）

特定調停については、この法律に定めるもののほか、民事調停法の定めるところによる。

●特調23条（最高裁判所規則）

この法律に定めるもののほか、特定調停に関し必要な事項は、最高裁判所規則で定める。

●民調22条（非訟事件手続法の準用）

特別の定めがある場合を除いて、調停に関しては、その性質に反しない限り、非訟事件手続法第２編の規定を準用する。ただし、同法第40条及び第52条の規定は、この限りでない。

●民調23条（この法律に定のない事項）

この法律に定めるもののほか、調停に関して必要な事項は、最高裁判所が定める。

●非訟３条（第２編の適用範囲）

非訟事件の手続については、次編から第５編まで及び他の法令に定めるもののほか、この編の定めるところによる。

■特調規９条（民事調停規則との関係・法第22条）

特定調停については、この規則に定めるもののほか、民事調停規則の定めるところによる。

■民調規１条（規則の趣旨）

民事調停法（昭和26年法律第222号。以下「法」という。）による調停に関しては、法に定めるもののほか、この規則の定めるところによる。

■民調規24条（非訟事件手続規則の準用）

特別の定めがある場合を除いて、調停に関しては、その性質に反しない限り、非訟事件手続規則の規定を準用する。ただし、同規則第44条及び第49条第２項の規定は、この限りでない。

参考条文：非訟１条（趣旨）、２条（最高裁判所規則）、非訟規73条（法の規定を準用する他の法令の規定による非訟事件の手続への準用）。

解　説

序章の冒頭でも言及したとおり、特調法は民調法の特別法として立法された関係上、特定調停手続の各局面にわたり、自足的に規定を網羅する法律は存在しない。すなわち、特定調停手続については、特調法に定めるもののほかは、民調法の定めが適用されるものであり（特調22条）、さらに、民事調停手続についても、特別の定めがある場合を除き、その性質に反しない限り、非訟法第２編の規定が準用されるものである（民調22条）。規則事項についても（特調23条、民調23条）、それぞれ同様である（特調規９条、民調規１条、24条）。

特調法による特別の定めとしては、たとえば、移送要件の緩和（特調４条）、簡易裁判所の裁量移送（特調（制定時）５条、（現）非訟10条、民訴18条）、併合審理の促進（特調６条）、民事執行手続の停止に関する規律の明確化（特調７条）、専門家を民事調停委員に指定する措置（特調８条）、利害関係者の参加の容易化（特調９条）、権利関係の解明に関する当事者の責務（特調10条）、文書提出命令と過料の制裁（特調12条、24条）、職権調査（特調（制定時）13条、（現）非訟49条参照）、官庁等からの意見聴取（特調14条）、調停条項案の書面による受諾（特調16条）、調停委員会が定める調停条項（特調17条）などがあり、本書の目次構成とあわせ、以下、全体像を可及的に図表化して示すこととする[1]。

1　なお、特則優先で特定調停手続には適用等されない規定についても、便宜上、掲記している場合がある。あるいは、特調法の複数の条文に関連する一般規定については、重複して掲記している場合もある。

本書の目次構成	特定調停			
	法律		規則	
序　章				
第１章　特調法の目的	1	目的		
第２章　当事者と代理人				
第１節　特定債務者と関係権利者	2	定義		
第２節　当事者による手続行為と能力				
Ⅰ　調停行為能力と法定代理・授権等				
Ⅱ　法人代表者の権能				
第３節　手続代理人				

民事調停				非訟事件手続			
法律		規則		法律		規則	
1	この法律の目的						
2	調停事件						
				16 18	当事者能力及び手続行為能力の原則等 法定代理権の消滅の通知	12 13	法人でない社団又は財団の当事者能力の判断資料の提出等 法定代理権の消滅の通知の方式
				19	法人の代表者等への準用	14	法人の代表者等への準用
				22 23 24	手続代理人の資格 手続代理人の代理権の範囲 法定代理の規定及び民事訴訟法の準用	16	手続代理人の代理権の証明等

第８章

本書の目次構成	特定調停			
	法律		規則	
第３章　特定調停の申立て				
第１節　申立ての方式				
Ⅰ　申立てと申立書	3	特定調停手続	1	特定調停の申立て
			2	財産の状況を示すべき明細書等
Ⅱ　申立ての変更				
Ⅲ　申立ての取下げ				
第２節　事件の管轄・移送と自庁処理				
Ⅰ　土地管轄と事物管轄				

民事調停				非訟事件手続			
法律		規則		法律		規則	
4の2	調停の申立て	3 10	調停の申立て 申立書の補正等の促し	42 43	電子情報処理組織による申立て等 申立ての方式等	1 2 3 4 37 38 39	当事者等が裁判所に提出すべき書面の記載事項 裁判所に提出すべき書面のファクシミリによる提出 裁判所に提出する書面に記載した情報の電磁的方法による提供等 申立てその他の申述の方式等に関する民事訴訟規則の準用 非訟事件の申立書の記載事項等 非訟事件の申立書の補正の促し 非訟事件の申立書の却下の命令に対する即時抗告
				44	申立ての変更	41	申立ての変更の通知
19の2	調停の申立ての取下げ	22	当事者に対する通知				
3	管轄			6 7	優先管轄等 管轄裁判所の指定	5	移送における取扱い

Ⅱ　事件の移送と自庁処理	4 削5	移送等		
第３節　手続費用				
第４節　手続の併合・受継				
Ⅰ　手続の併合	6	併合		
Ⅱ　手続の受継				
第５節　手続前の措置等	7	民事執行手続の停止	3	民事執行手続の停止

				8	管轄裁判所の特例	6	法第８条の最高裁判所規則で定める地の指定
4	移送等	2	移送等における取扱い				
20の2	調停が成立した場合の費用の負担			26	手続費用の負担		
				35	手続の併合等		
				36	法令により手続を続行すべき者による受継	33 34	受継の申立ての方式等 非訟事件の申立人の死亡等の届出
12	調停前の措置	5 6	民事執行の手続の停止 調停前の措置をする場合の制裁の告知				

第８章

本書の目次構成	特定調停			
	法律		規則	
第４章　特定調停事件の手続				
第１節　調停機関と調停委員会				
Ⅰ　調停機関				
Ⅱ　調停委員会				
Ⅲ　調停主任と民事調停委員	8	民事調停委員の指定		
第２節　利害関係人等の参加	9	関係権利者の参加		
第３節　特定調停の審理				
第１款　審理の原則				
Ⅰ　手続の非公開				
Ⅱ　当事者および裁判所の責務	10	当事者の責務	4	相手方が提出すべき書面等
Ⅲ　調停手続の指揮				
第２款　調停の期日				
Ⅰ　期日の開催				
Ⅱ　調停の場所				
Ⅲ　書類の送付・手続の中止				
第３款　調停をしない場合	11	特定調停をしない場合	5	当事者に対する通知
第４節　調書の作成と記録の閲覧				
Ⅰ　調書の作成				

民事調停				非訟事件手続			
法律		規則		法律		規則	
5	調停機関						
6	調停委員会の組織	19 20	調停委員会の決議 評議の秘密				
7 8	調停主任等の指定 民事調停委員						
11	利害関係人の参加						
				30	手続の非公開		
		8 9	本人の出頭義務 期日外の準備	4	裁判所及び当事者の責務		
12の2	調停手続の指揮			45	裁判長の手続指揮権	40	参考事項の聴取
12の3	期日の呼出し	7	期日の呼出状	34	期日及び期間		
12の4	調停の場所			47	音声の送受信による通話の方法による手続		
				38	送達及び手続の中止	35 36	送達 書類の送付
13	調停をしない場合	22	当事者に対する通知				
12の5	調書の作成	11 12	期日調書の形式的記載事項 期日調書の実質的記載事項				

第８章

II　記録の閲覧				

12の6	記録の閲覧等						

本書の目次構成	特定調停			
	法律		規則	
第５章　事実の調査と証拠調べ				
第１節　職権審理				
第２節　文書等の提出	12	文書等の提出	6	文書の提出を求める場合の制裁の告知等
第３節　意見聴取と調査嘱託	削13 14	 官庁等からの意見聴取		
第４節　専門委員				

民事調停				非訟事件手続			
法律		規則		法律		規則	
12の7	事実の調査及び証拠調べ等	13	事実の調査	49	事実の調査及び証拠調べ等	45	証拠調べ
				53	証拠調べ		
		14	意見の聴取の嘱託	51	事実の調査の嘱託等		
		15	嘱託に係る事実の調査等の民事調停委員等による実施				
		16	調査の嘱託				
		17	調停委員会の嘱託の手続				
		18	専門的な知識経験に基づく意見の聴取				
				33	専門委員	24	専門委員の意見に関する取扱い
						25	専門委員が関与する証拠調べ期日における裁判長の措置等
						26	専門委員の意見に関する当事者及び利害関係参加人の意見陳述の機会の付与
						27	専門委員に対する準備の指示等

第8章

本書の目次構成	特定調停			
	法律		規則	
第６章　特定調停の成立等				
第１節　特定調停の成立				
第２節　特定調停成立の促進に関する諸制度				
Ⅰ　調停委員会が提示する調停条項案	15	調停委員会が提示する調停条項案		
Ⅱ　調停条項案の書面による受諾	16	調停条項案の書面による受諾	7	調停条項案の書面による受諾等
Ⅲ　調停委員会が定める調停条項	17	調停委員会が定める調停条項	7	調停条項案の書面による受諾等
第３節　特定調停の不成立	18	特定調停の不成立	5	当事者に対する通知

民事調停				非訟事件手続			
法律		規則		法律		規則	
16	調停の成立・効力						
14 19	調停の不成立 調停不成立等の場合の訴の提起	22	当事者に対する通知				

本書の目次構成	特定調停			
	法律		規則	
第７章　その他重要な制度				
第１節　裁判官等による特定調停				
Ⅰ　裁判官による特定調停	19	裁判官の特定調停への準用	8	裁判官の特定調停への準用
Ⅱ　民事調停官による特定調停				
第２節　特定調停に代わる決定				
Ⅰ　調停に代わる決定	20	特定調停に代わる決定への準用		
Ⅱ　異議の申立て				
第３節　不服申立て				
Ⅰ　即時抗告	削21			
Ⅱ　受命裁判官・受託裁判官の裁判に対する異議				
Ⅲ　裁判所書記官の処分に対する異議等				
第８章　他の法令との関係	22 23	民事調停法との関係 最高裁判所規則	9	民事調停規則との関係

民事調停				非訟事件手続			
法律		規則		法律		規則	
15	裁判官の調停への準用			11	裁判官の除斥	8	除斥又は忌避の申立ての方式等
23の3	民事調停官の権限等	25	民事調停官の権限				
17	調停に代わる決定						
18	異議の申立て	22	当事者に対する通知				
21	終局決定以外の決定に対する即時抗告			79 81 82	不服申立ての対象 即時抗告期間 終局決定に対する不服申立ての規定の準用		
				80	受命裁判官又は受託裁判官の裁判に対する異議		
				39 14	裁判所書記官の処分に対する異議 裁判所書記官の除斥及び忌避		
22 23	非訟事件手続法の準用 この法律に定のない事項	1 24	規則の趣旨 非訟事件手続規則の準用	3	第２編の適用範囲		

本書の目次構成	特定調停			
	法律		規則	
第９章　罰則				
第１節　措置違反等に対する制裁				
Ⅰ　文書等の不提出に対する制裁	24	文書等の不提出に対する制裁		
Ⅱ　不出頭に対する制裁				
Ⅲ　措置違反に対する制裁				
第２節　過料についての決定				
第３節　守秘義務違反の罪				
Ⅰ　評議の秘密を漏らす罪				
Ⅱ　人の秘密を漏らす罪				

民事調停				非訟事件手続			
法律		規則		法律		規則	
34	不出頭に対する制裁						
35	措置違反に対する制裁						
36	過料についての決定			120	過料についての裁判等		
				121	過料の裁判の執行		
				122	略式手続		
37	評議の秘密を漏らす罪						
38	人の秘密を漏らす罪						

第8章

第9章　罰　則

第1節　措置違反等に対する制裁

Ⅰ　文書等の不提出に対する制裁

●特調24条（文書等の不提出に対する制裁）
1　当事者又は参加人が正当な理由なく第12条（第19条において準用する場合を含む。）の規定による文書又は物件の提出の要求に応じないときは、裁判所は、10万円以下の過料に処する。
2　民事調停法第36条の規定は、前項の過料の決定について準用する。

解　説

1　趣　旨

特調法24条は、特調法12条（19条において準用される場合を含む）による文書等の提出命令につき、その実効性を確保するために設けられた制裁規定である。

2　対　象

(1)　当事者または参加人

過料の対象となる当事者は、調停の申立人および相手方である（特調22条、民調2条、19条、3条）。また、参加人とは、民調法11条の規定によって調停手続に参加した者であり、任意参加と強制参加とがある（特調22条、民調11条1項・2項）。

なお、違反した当事者または参加人が法人である場合には、当該法人自体が過料の制裁の対象となる[1]。

(2) 特調法19条において準用される場合

裁判官だけで特定調停が行われる場合において（特調22条、民調5条2項）、文書等の提出命令に従わない当事者または参加人についても、同様とされる（特調19条）。

3　裁　判

過料の裁判を行うのは、調停委員会ではなく、当該調停事件が係属する裁判所である。

特調法24条2項により、過料の裁判の執行と手続について定めた民調法36条の規定が同条1項の過料の決定について準用される（後述）。

なお、文書等の提出の要求に応じないことについて正当な理由があれば（特調12条に関する解説箇所を参照のこと）、過料の制裁は科されない。

Ⅱ　不出頭に対する制裁

●民調34条（不出頭に対する制裁）

　裁判所又は調停委員会の呼出しを受けた事件の関係人が正当な事由がなく出頭しないときは、裁判所は、5万円以下の過料に処する。

1　趣　旨

民事調停は、当事者の互譲により、条理にかない実情に即した解決を図ることを目的とする手続であり（民調1条）、事件の関係者の出頭がなければ、紛争の実情等を聴取し説得をするなど、その利害関係を任意に調整することはできない。しかし、不誠実な関係者が呼出しに応じないことによって、調停制度が全く無視されることは適切でない。民調法34条は、調停制度において最低限必要な当事者など事件関係者の出頭を促すための規定である。同

1　一問一答129頁。

条は、特調法22条により、調停手続を通じて債務者が負っている金銭債務に係る利害関係の調整を促進することを目的とする特定調停手続にも適用される。

2　対　象

(1)　呼出しの方式

期日の呼出しの主体は、受調停裁判所のほか、調停機関としての単独裁判官も含む（民調5条1項ただし書、民調規21条）。実務上、普通郵便で行うなど簡易な方法による呼出しが行われていることが多いが、民調法34条により過料の制裁を科すためには、期日の呼出しは正式なものでなければならない。調停手続の期日の呼出状には不出頭に対する法律上の制裁を記載しなければならない（民調規7条）。

(2)　事件の関係人

当該事件の当事者、当事者が無能力者である場合はその法定代理人、および参加人が含まれる。当事者が法人の場合は、当該法人の代表者について過料の制裁が科されると解されている[2]。

3　裁　判

過料の裁判を行うのは、調停委員会ではなく、当該調停事件が係属する裁判所である（民調36条参照）。

なお、不出頭につき、正当な事由があれば、過料の制裁は科されない。

Ⅲ　措置違反に対する制裁

●民調35条（措置違反に対する制裁）

当事者又は参加人が正当な事由がなく第12条（第15条において準用する場合を含む。）の規定による措置に従わないときは、裁判所は、10万円以下の過料に処する。

2　石川＝梶村439頁以下。

解　説

1　趣　旨

民調法35条は、民調法12条による調停前の措置命令の実効性を確保するための制裁規定であり、特調法22条により、特定調停手続にも適用される。

2　対　象

過料の対象となる当事者は、調停の申立人および相手方である（民調2条、19条、3条）。また、参加人とは、民調法11条の規定によって調停手続に参加した者であり、任意参加（民調11条1項）と強制参加（同条2項）とがある。

3　裁　判

過料の裁判を行うのは、調停委員会ではなく、当該調停事件が係属する裁判所である（民調36条参照）。

なお、措置違反につき、正当な事由があれば、過料の制裁は科されない。

第2節　過料についての決定

●民調36条（過料についての決定）

1　前2条の過料の決定は、裁判官の命令で執行する。この命令は、執行力のある債務名義と同一の効力を有する。

2　前項に規定するもののほか、過料についての決定に関しては、非訟事件手続法第5編の規定（同法第119条及び第121条第1項の規定並びに同法第120条及び第122条の規定中検察官に関する部分を除く。）を準用する。

●非訟120条（過料についての裁判等）

1　過料についての裁判には、理由を付さなければならない。

2　裁判所は、過料についての裁判をするに当たっては、あらかじめ、検察官の意見を聴くとともに、当事者の陳述を聴かなければならない。

3　過料についての裁判に対しては、当事者及び検察官に限り、即時抗告をすることができる。この場合において、当該即時抗告が過料の裁判に対するものであるときは、執行停止の効力を有する。

4　過料についての裁判の手続（その抗告審における手続を含む。次項において同じ。）に要する手続費用は、過料の裁判をした場合にあっては当該裁判を受けた者の負担とし、その他の場合にあっては国庫の負担とする。

5　過料の裁判に対して当事者から第3項の即時抗告があった場合において、抗告裁判所が当該即時抗告を理由があると認めて原裁判を取り消して更に過料についての裁判をしたときは、前項の規定にかかわらず、過料についての裁判の手続に要する手続費用は、国庫の負担とする。

●非訟121条（過料の裁判の執行）

1　過料の裁判は、検察官の命令で執行する。この命令は、執行力のある債務名義と同一の効力を有する。

2　過料の裁判の執行は、民事執行法（昭和54年法律第4号）その他強制執行の手続に関する法令の規定に従ってする。ただし、執行をする前に裁判の送達をすることを要しない。

3　刑事訴訟法（昭和23年法律第131号）第507条の規定は、過料の裁判の執行について準用する。

4　過料の裁判の執行があった後に当該裁判（以下この項において「原裁判」という。）に対して前条第3項の即時抗告があった場合において、抗告裁判所が当該即時抗告を理由があると認めて原裁判を取り消して更に過料の裁判をしたときは、その金額の限度において当該過料の裁判の執行があったものとみなす。この場合において、原裁判の執行によって得た金額が当該過料の金額を超えるときは、その超過額は、これを還付しなければならない。

●非訟122条（略式手続）

1　裁判所は、第120条第2項の規定にかかわらず、相当と認めるときは、当事者の陳述を聴かないで過料についての裁判をすることができる。

2　前項の裁判に対しては、当事者及び検察官は、当該裁判の告知を受けた日から1週間の不変期間内に、当該裁判をした裁判所に異議の申立てをすることができる。この場合において、当該異議の申立てが過料の裁判に対するものであるときは、執行停止の効力を有する。

３　前項の異議の申立ては、次項の裁判があるまで、取り下げることができる。この場合において、当該異議の申立ては、遡ってその効力を失う。
４　適法な異議の申立てがあったときは、裁判所は、当事者の陳述を聴いて、更に過料についての裁判をしなければならない。
５　前項の規定によってすべき裁判が第１項の裁判と符合するときは、裁判所は、同項の裁判を認可しなければならない。ただし、同項の裁判の手続が法律に違反したものであるときは、この限りでない。
６　前項の規定により第１項の裁判を認可する場合を除き、第４項の規定によってすべき裁判においては、第１項の裁判を取り消さなければならない。
７　第120条第５項の規定は、第１項の規定による過料の裁判に対して当事者から第２項の異議の申立てがあった場合において、前項の規定により当該裁判を取り消して第４項の規定により更に過料についての裁判をしたときについて準用する。
８　前条第４項の規定は、第１項の規定による過料の裁判の執行があった後に当該裁判に対して第２項の異議の申立てがあった場合において、第６項の規定により当該裁判を取り消して第４項の規定により更に過料の裁判をしたときについて準用する。

解　説

１　準用関係

民調法36条は、特調法22条（または24条）により、民調法34条および35条とともに特定調停手続にも適用される。また、民調法36条２項により、非訟法第５編の規定（非訟119条および121条１項の規定並びに120条および122条の規定中検察官に関する部分を除く）が、特定調停の場合を含む民事調停手続に準用されることになる。

２　民調法36条

民調法36条の本旨は、民調法34条および35条に基づく過料の決定およびその執行の手続に関する規律である。そして、特調法24条による場合にも準用される。

かかる過料の決定と執行は、裁判官の命令で行われる。執行文の付与は不要で、裁判官の執行命令によって執行される。過料は刑罰ではないため、国の金銭債権として会計法30条により５年で時効消滅する（刑罰ではないため、初日を参入しない）。

さらに民調法36条２項により、非訟法第５編の規定のうち、非訟法119条および121条１項の規定並びに120条および122条の規定のうち検察官に関する部分を除いた部分が、民事調停手続に準用される。すなわち、民調法34条および35条の過料の制裁は、裁判所が事件処理の職責を遂行するにあたり、裁判所の手続の円滑な進行を図るための手段であり、その性質上、検察官の関与を認めることは適当ではなく、その執行についても、これを裁判所の権限に委ねることが一層その目的に適うためである。

また、非訟法121条１項の規定は、民調法36条１項の規定が優先するため準用されない。

3　非訟法第５編

(1)　非訟法120条

非訟法120条は、過料の裁判手続について定めた規定である。

過料の決定は、当事者に制裁を科すものであるため、あらかじめ当事者の意見を聴かねばならない（非訟120条２項）。

過料の決定ついて不服のある当事者は、即時抗告をすることができ、この場合、当該裁判の執行は停止する（非訟120条３項。なお、４項・５項は、その手続費用の負担について定めた規定である）。

(2)　非訟法121条

非訟法121条は、過料の裁判の執行について定めた規定である。

過料の裁判の執行は、民執法その他強制執行の手続に関する法令の規定に従って行われるが、その前に裁判の送達をすることを要しない（非訟121条２項）。なお、送達の対象となる「裁判」とは、非訟法による過料の裁判自体は債務名義にならないから、債務名義である検察官の執行命令であると解されているが[3]、調停手続においては、執行命令は裁判官が行うため、債務名義である裁判官の執行命令と解することになる（民調36条１項第２文参照）。

裁判所または裁判官は、過料の決定の執行に関して必要があると認めるときは、公務所または公私の団体に照会して必要な事項の報告を求めることができる（非訟121条３項、刑事訴訟法507条）。

過料の裁判は、当事者に告知することにより効力が生じる（非訟56条２項）[4]。

(3)　非訟法122条

非訟法122条は過料の裁判に関する略式手続について定めた規定である。

まず、１項は、法令違反の事実が明白な場合等について、当事者の陳述を聴かずに過料の裁判を行っていたとしても、後に不服申立ての機会があれば、当事者の利益を害することにならないものと考えられるため、当事者の意見を聴かずに過料の裁判ができる旨を定める。

また、２項は、前項の規定に基づき過料の略式裁判がなされた場合、当事者は、過料の裁判の告知を受けた日から１週間の不変期間内に、当該過料の裁判をした裁判所あてに異議の申立てをすることができる旨を定める。その場合、過料の裁判は執行を停止する。

３項は、前項の過料の略式裁判についての異議の申立てについては、同条４項の過料の裁判があるまで取下げをすることができる旨を定める。異議の申立ては取下げによって遡って効力を失うため、過料の略式裁判は異議申立期間（１週間）の経過によって確定することになる。

４項は、同条２項に基づく異議の申立てが適法になされた場合に、裁判所は、当事者の陳述を聴いてさらに過料の裁判を行わなければならない旨を定める。

５項は、前項によってなされた過料の裁判が、手続違反の場合以外であっ

3　金子編著・逐条解説411頁・412頁。

4　このため、過料の裁判の執行が行われた後に即時抗告が申し立てられ審理される場合、原裁判に基づきすでに徴収された過料を全額還付したうえで新たな過料の裁判に基づく過料を徴収することは迂遠であるため、抗告裁判所が当該即時抗告を理由があると認めて原裁判を取り消してさらに過料の裁判をしたときは、その金額の限度において当該過料の裁判の執行があったものとみなす扱いである。また、すでに執行された原裁判の過料の額が新たな過料の裁判の過料の額よりも多い場合、超過分を還付する扱いである（非訟121条４項）。

て同条1項に基づき行われた過料の略式裁判と符合する場合、裁判所は略式裁判を認可しなければならない旨を定める。

6項は、裁判所は、前項に基づき認可される場合を除いて、同条4項の規定に基づき裁判を行う場合、同条1項に基づく過料の略式裁判を取り消さなければならない旨を定める。

7項は、裁判所が、同条1項に基づき過料の略式裁判がされ当事者から同条2項に基づき異議の申立てがあった場合に、同条6項に基づき過料の略式裁判を取り消し、同条4項に基づく過料の裁判がなされた場合について手続費用の負担に関する非訟法120条5項の規定を準用する旨を定める。

最後に、8項は、同条1項に基づく過料の略式裁判が執行された後に、異議の申立てがあった場合について、非訟法121条4項の規定を準用する旨を定めている。

第3節　守秘義務違反の罪

I　評議の秘密を漏らす罪

●民調37条（評議の秘密を漏らす罪）

民事調停委員又は民事調停委員であった者が正当な事由がなく評議の経過又は調停主任若しくは民事調停委員の意見若しくはその多少の数を漏らしたときは、30万円以下の罰金に処する。

解　説

1　趣　旨

民事調停における「評議」とは、調停委員会が意見交換のうえ、統一意見を形成し、調停の方針を決定する方法である。調停委員会内で意見が分かれた場合は、過半数の意見により（民調規19条前段）、可否同数のときは、調停主任の決するところによる（同条後段）。

充実した評議が行われるためには、調停委員会の構成員が外部の意見に左右されることなく率直な意見交換を行えることが必要であり、調停委員会の評議は秘密とされている（民調規20条）。

民調法37条は、調停委員または調停委員であった者が正当な事由なく評議の秘密を漏らした場合に対し、刑罰をもって臨むことで、評議の厳正かつ適正な遂行を担保するものである。「公的秘密」を保護法益とする。同条の趣旨は、特定調停手続にも妥当するため、特調法22条により特定調停手続にも適用される。

2　主　体

秘密漏示の主体は民事調停委員または民事調停委員であった者に限られる。

後者は、過去に民事調停委員の職務に携わったことがある者をいい、民事調停委員の任期が終了した者であると解任された者であるとを問わない。

3　守秘義務の内容

守秘義務の内容は、評議の経過または調停主任もしくは民事調停委員の意見もしくはその多数少数の数である。

4　秘密の漏示

秘密を「漏らす」（漏示）とは、秘密をまだ知らない他人に告知することをいう。他言を厳しく禁止して伝えても漏示である。秘密をまだ知らない他人に知らせなければ漏示にはあたらず、すでにその秘密を知っている者に告知するのは漏示とはならない。漏示行為は、その方法を問わない。口頭で告げても、書面で知らせてもよく、また、不作為の場合も含む。漏示は公然と行われることを要しない[5]。

5　前田雅英ほか編『条解刑法〔第3版〕』393頁以下（弘文堂、2013年）参照。

5　正当な事由

守秘義務違反につき、正当な事由があれば、罰金の制裁は科されない。なお、民調法37条が保護法益とするのは評議の秘密（公的秘密）であることから、秘密保護主体である調停委員会が秘密を漏らすことにつき承諾することは通常考えられない。よって、同条において、いわゆる被害者の承諾が問題となる余地はない。

6　既遂時期

秘密の告知が相手方に到達した地点で既遂となる。

未遂は罰しない。

7　刑　罰

刑罰は、30万円以下の罰金である。

Ⅱ　人の秘密を漏らす罪

●民調38条（人の秘密を漏らす罪）

民事調停委員又は民事調停委員であった者が正当な事由がなくその職務上取り扱ったことについて知り得た人の秘密を漏らしたときは、1年以下の懲役又は50万円以下の罰金に処する。

解　説

1　趣　旨

民事調停手続が、円滑・適正に進行するためには、調停委員会が当事者および関係人から紛争の実情を聴取する必要があり、聴取事項は当事者らのプライバシーに及ぶ事実にかかわることもある。当事者が紛争の実情について自由に安心して話すことができるためには、話したことが外に漏れない制度的な保障が必要となる。この制度的な保障として、民調法38条は、民事調停委員または民事調停委員であった者の守秘義務違反行為について、刑罰をもって臨むことで、調停手続の円滑・適正な運営を担保するものである。同条の趣旨は特定調停手続にも妥当し、特調法22条により特定調停手続にも適用される。前条と異なり「私的秘密」を保護法益とする。

家事事件手続法292条、労働審判法34条にも同様の規定がある。

２　主　体

民調法37条の場合と同様に解される。

３　守秘義務の範囲

守秘義務の範囲は、民調法38条の主体が、「職務上取り扱った事項について知り得た人の秘密」でなければならない。刑法134条の「その業務上取り扱ったことについて知り得た人の秘密」とほぼ同様の内容をなすものといってよい。

職務上知った秘密であれば、民調法38条の主体が自己の調査・判断等によって探知したものであると、本人から打ち明けられたものであるとを問わない。また、人の「秘密」とは、少数者にしか知られていない事実で、他人に知られることが本人の不利益となるものであり、いわゆる公知の事実は秘密たり得ない。よって、一般に知られていない事実であれば、特定の範囲の者に知られている事実でも、これを知らない者に対しては秘密であるといえる。秘密は、「人」の秘密であることを要し、「人」は自然人であると法人であると問わない[6]。

「秘密」は、国家公務員法100条１項の秘密の意義と同様に、実質的に保護に値すると認められるものであることを要する（実質秘）。

6　前田ほか編・前掲（注５）393頁以下参照。

4　秘密の漏示行為

民調法37条の場合と同様に解される。

5　正当な事由

守秘義務違反につき、正当な事由があれば、罰金の制裁は科されない。秘密とすることに利益を有する者が承諾した場合も正当な事由がある。また、当該秘密について、民事訴訟における証人尋問で証言を求められ証言拒絶が認められなかった場合や、文書提出命令を受け法定の除外事由が認められなかった場合などが、正当な事由に該当しうる。

6　既遂時期

民調法37条の場合と同様に解される。

7　刑　罰

刑罰は、１年以下の懲役または50万円以下の罰金である。

◈編者・執筆者紹介◈

〔編　者〕

濱　田　芳　貴（はまだ　よしたか）

【担当】 序章、第８章

ときわ法律事務所　弁護士（東京弁護士会）

平成８年３月慶應義塾大学大学院法学研究課修士課程修了、平成10年４月弁護士登録、武蔵野音楽学園監事。

日本民事訴訟法学会会員、仲裁ADR法学会会員、日本私法学会会員、事業再生研究機構会員、事業再生実務家協会会員、全国倒産弁護士ネットワーク会員。

慶應義塾大学大学院法務研究科・非常勤嘱託（平成16年７月～同19年３月）、同・非常勤講師（平成19年９月～同23年３月、同31年４月～）、熊本大学・非常勤講師（平成28年度）。

【主な著書・論文】

『多様化する事業再生』（共編著、商事法務、2017年）、『法的整理計画策定の実務』（共著、商事法務、2016年）、『専門訴訟講座⑧　倒産・再生訴訟』（共著、民事法研究会、2014年）、『私的整理88講による道案内』（商事法務、2013年）、『時代をリードする再生論　松嶋英機弁護士古稀記念論文集』（共著、商事法務、2013年）、『事例で学ぶ倒産法』（共著、法律文化社、2013年）、『私的整理計画策定の実務』（共著、商事法務、2011年）、『企業倒産・事業再生の上手な対処法〔全訂２版〕』（共編著、民事法研究会、2011年）、『民事再生法入門〔改訂第３版〕』（共著、商事法務、2009年）

〔執筆者〕(五十音順)

阿　部　延　享(あべ　のぶゆき)

【担当】 第3章第3節、第4章第4節
髙橋直人法律事務所　弁護士(愛媛弁護士会)
早稲田大学法学部卒業
首都大学東京法科大学院修了

大　西　雄　太(おおにし　ゆうた)

【担当】 第6章第1節・第2節
大西綜合法律事務所　弁護士(東京弁護士会)
慶應義塾大学法学部卒業
慶應義塾大学法科大学院修了

【主な著書・論文】

「役員が会社借入金の個人保証をしている場合の留意点――経営者保証ガイドラインの活用法」税経通信1072号61頁以下(2020年)、「破産会社の代表者について、『経営者保証ガイドライン』に基づき、特定調停手続により、自由財産のほかに一定期間の生計費相当額を残しつつ、保証人の個人債務を含めて債務整理を行った事案」事業再生と債権管理151号165頁以下(2016年)、『企業倒産・事業再生の上手な対処法〔全訂二版〕』(共著、民事法研究会、2011年)

神　村　大　輔(かみむら　だいすけ)

【担当】 第3章第4節・第5節、第4章第2節
鈴木法律事務所　弁護士(東京弁護士会)
東京大学法学部卒業

【主な著書・論文】

『私的整理計画策定の実務』(共著、商事法務、2011年)、『民事再生申立ての実務』

(共著、ぎょうせい、2012年)、『事例でわかる同族会社・中小企業のための会社経営をめぐる実務一切〔第2版〕』(共著、自由国民社、2017年)、『Q＆A金融ADR活用ガイドブック』(共著、日本加除出版、2012年)

木　村　真理子(きむら　まりこ)

【担当】 第5章第1節・第3節・第4節

ときわ法律事務所　弁護士(東京弁護士会)
東京大学法学部卒業
東京大学法科大学院修了

【主な著書・論文】

『事業者破産の理論・実務と書式』(共著、民事法研究会、2018年)、『Before/After相続法改正』(共著、弘文堂、2019年)、『最新債権管理・回収の手引』(共著、新日本法規出版、2020年)、『弁護士専門研修講座　改正相続法の実務』(共著、ぎょうせい、2020年)

近　藤　直　生(こんどう　なおき)

【担当】 第1章、第2章第1節

大江橋法律事務所　弁護士(東京弁護士会)
慶應義塾大学法学部卒業
ミシガン大学ロースクール法学修士課程修了
ジョージタウン大学ロースクール法学修士課程修了

【主な著書・論文】

『事業者破産の理論・実務と書式』(共著、民事法研究会、2018年)、「聴涛館(グランドホテル浜松)の更生事件 ――地域経済に根差すホテル事業 のDIP型会社更生」事業再生と債権管理146号(共著、2014年)

高　橋　佳　子（たかはし　よしこ）

【担当】 第5章第2節、第9章

あいりす法律事務所　弁護士（愛媛弁護士会）

九州大学法学部卒業

九州大学法科大学院修了

竹　本　大　志（たけもと　たいし）

【担当】 第4章第3節第2款

ときわ法律事務所　弁護士（東京弁護士会）

中央大学法学部卒業

一橋大学法科大学院修了

仁　平　詩　織（にへい　しおり）

【担当】 第2章第2節・第3節

大江橋法律事務所　弁護士（東京弁護士会）

京都大学法学部卒業

京都大学法科大学院修了

野　口　敏　史（のぐち　としふみ）

【担当】 第3章第1節・第2節

野口法律事務所　弁護士（熊本県弁護士会）

東京大学法学部卒業

東京大学法科大学院修了

シンガポール国立大学ロースクール（LL.M）卒業

【主な著書・論文】

「金融債権者から働きかける法的整理の実務」銀法749号（共著、2012年）、『債権管理・保全・回収の手引き』（共著、商事法務、2016年）

細　川　敬　章（ほそかわ　たかゆき）

【担当】 第４章第１節、第７章第１節
弁護士法人梅ヶ枝中央法律事務所　パートナー弁護士（東京弁護士会）
早稲田大学法学部卒業
【主な著書・論文】
『法的整理計画策定の実務』（共著、商事法務、2016年）

舞　田　靖　子（まいた　やすこ）

【担当】 第７章第３節
西村あさひ法律事務所 福岡事務所　弁護士（福岡県弁護士会）
慶應義塾大学法学部卒業
【主な著書・論文】
「金融債権者から働きかける法的整理の実務」銀法749号（共著、2012年）、『法的整理計画策定の実務』（共著、商事法務、2016年）

松　尾　幸太郎（まつお　こうたろう）

【担当】 第４章第３節第３款、第６章第３節、第７章第２節
みなと協和法律事務所　パートナー弁護士（東京弁護士会）
九州大学法学部卒業
【主な著書・論文】
『注釈破産法（上）（下）』（共編著、金融財政事情研究会、2015年）、『私的整理の実務Ｑ＆Ａ140問』（共著、金融財政事情研究会、2016年）、『破産実務Ｑ＆Ａ220問』（共著、金融財政事情研究会、2019年）

特定調停法逐条的概説

令和３年５月19日　第１刷発行

定価　本体 2,800円＋税

編著者　濱田芳貴
発　行　株式会社　民事法研究会
印　刷　株式会社　太平印刷社

発行所　株式会社　民事法研究会
〒150-0013　東京都渋谷区恵比寿3-7-16
〔営業〕TEL 03（5798）7257　FAX 03（5798）7258
〔編集〕TEL 03（5798）7277　FAX 03（5798）7278
http://www.minjiho.com/　　info@minjiho.com

組版／民事法研究会
落丁・乱丁はおとりかえします。ISBN978-4-86556-327-6 C2032 ￥2800E

宮　澤　幸　夫（みやざわ　ゆきお）

【担当】　第４章第３節第１款

大江・田中・大宅法律事務所　弁護士（東京弁護士会）

中央大学法学部卒業

慶應義塾大学法科大学院修了